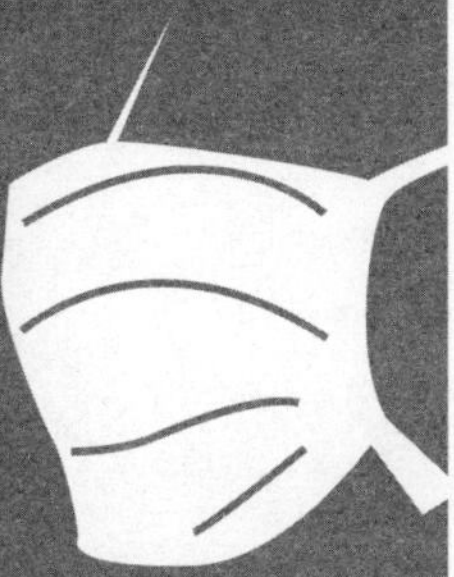

建材行业职业病防治专项集体合同实用指南

本书编写组◎编

中国工人出版社

职业病防治专项集体合同实用指南系列丛书 编委会

前言

近年来，我国职业病危害问题日趋凸显，职业病报告病例总体呈上升趋势，严重威胁着劳动者的身体健康和生命安全。减少和控制职业病的发生已经成为各方关注的社会和民生问题。

为更好地维护劳动者的安全健康合法权益，中华全国总工会制定下发了《关于加强工会参与职业病防治工作的意见》，要求各地、各企业工会加大职业病防治工作参与力度，依法代表劳动者与用人单位签订劳动安全卫生专项集体合同，进一步明确劳动关系双方的权利和义务，推动职业病防控工作制度化、规范化。各地、各企业工会将推广应用劳动安全卫生专项集体合同作为工会劳动保护工作的重要内容，推动专项集体合同覆盖范围不断扩大，在促进企业落实职业病防治主体责任、构建和谐劳动关系方面发挥了积极作用。但是，当前在实行专项集体合同工作中还存在协商不充分、程序不规范、内容不具体、履行不到位等情况。针对这些问题，中华全国总工会劳动和经济工作部对四川省总工会开展职业病防治专项集体合同工作的经验进行了全面总结，委托攀钢集团有限公司工会和攀钢劳研所，对职业危害突出的四个重点行业的职业病防治专项集体合同内容开展专题研究，编写了“职业病防治专项集体合同实用指南系列丛书”，目的是帮助工会干部掌握专项集体合同所涉及的职业卫生基本内容，加强企业实际和职业危害防控重点，有针对性地开展沟通和协商。

该丛书共分五册，分别是:《职业病防治专项集体合同实用指南（通用版）》《煤炭行业职业病防治专项集体合同实用指南》《非煤矿山行业职业病防治专项集体合同实用指南》《危化行业职业病防治专项集体合同实用指南》《建材行业职业病防治专项集体合同实用指南》。通用版分册体现了国家法律、法规和技术规范对职业病防治工作的共性要求，为专项集体合同所涉及的职业病防治内容提供了基本参考。四个行业分册体现了不同行业职业病防治工作的特殊要求，提供了针对性更强的行业范本。该丛书具有一定的实用性和可操作性，为各级工会做好新形势下劳动安全卫生专项集体合同工作提供了借鉴。

该丛书在编写过程中，得到了中国疾控中心职业卫生所李涛所长、上海市疾控中心贾晓东博士、北京义联劳动法律援助与研究中心黄乐平主任、四川大学化学学院殷勤俭教授、四川省疾控中心杜利利和王林研究员等专家的大力支持，在此表示诚挚的感谢！

由于时间匆促，编者水平有限，恳请广大工会干部和读者对疏漏和不足之处批评指正。

编者

2016 年 11 月

使用说明

一、内容取舍。书中所涉及的合同范本（第二章第三节）的条款可根据用人单位实际情况删减，但应保证工作场所实际存在的职业病危害受到控制，职业病危害因素的强度（浓度）符合国家职业卫生标准和卫生要求。

二、工作场所与工序职业病危害因素确定。合同范本给出的主要工序职业病危害因素清单由《职业病危害因素分类目录》（卫法监发〔2002〕63号）导出。因时间变化，工艺和技术发展，职业病危害因素行业举例可能出现变化。故实际引用时，应征询本单位主管职能部门意见，对主要工序职业病危害因素进行订正后方可使用。

三、工序与工种。各用人单位工序、工序与工种对应关系不完全相同。实际引用时，应先确定本单位工序，再确定与工序相对应的工种，从而得到接害工种清单。

目录

第一篇
职业病防治专项集体合同概述

一、职业病防治专项集体合同的基本概念

专项集体合同，是指用人单位与本单位职工一方（或者行业、区域工会组织代表职工与相应的行业、区域企业代表组织或企业代表之间）根据法律、法规、规章的规定，就平等协商的某项内容签订的专项书面协议。职业病防治专项集体合同是依据职业病防治法律、法规等，就职业病防治方面的内容进行平等协商签订的专项书面协议。签订职业病防治专项集体合同（以下简称专项集体合同）对于规范劳动关系双方在职业病防治方面的权利和义务，推动企业加强职业病防治管理，维护职工安全健康权益，促进企业发展，构建和谐劳动关系具有重要意义。

二、职业病防治专项集体合同的总体原则

（一）法治原则

法治原则要贯穿于职业病防治专项集体合同协商签订的全过程，其协商内容、协商过程、签订程序必须合法，只有遵循法治原则，合同才能具有法律效力，对用人单位和劳动者才能具有法律约束。当发生争议时，劳动关系双方应保持理智、克制的态度并努力通过法律途径予以解决。

（二）平等原则

互相尊重、平等协商是签订职业病防治专项集体合同的基本前提，劳动关系双方依法享有平等的地位和利益主张。在专项集体合同协商、签订的过程中，要真实反映双方的意愿，充分考虑和认真对待对方的关切，公平合作，弥合分歧，取得共识，使签订的专项集体合同能够得到切实履行。

（三）共赢原则

协商签订专项集体合同要兼顾劳动关系双方的合法权益，在统筹双方利益的基础上把劳动者的合理要求与用人单位的实际情况结合起来，既要保证

劳动者的权益不受侵害，也要防止出现不合实际的过高要求，保证双方共同受益，实现互利共赢的目标。

三、职业病防治专项集体合同的主要内容

职业病防治专项集体合同的主要内容包括：职业病防治责任制、职业卫生管理机构和规章制度、操作规程；职业卫生条件、职业危害告知、防护设施和职业卫生投入；职业卫生教育培训制度；个人保护用品的发放、维护和使用标准；职业健康检查、职业健康监护和档案管理、职业病诊断与职业病病人保障；职业病防护应急救治措施；女职工和未成年工的特殊保护；合同履约监督和违约责任；合同争议处理的条款；合同有效期限和变更、解除及终止条款等。

四、职业病防治专项集体合同协商签订程序

（一）协商准备

1. 资料收集

订立一份内容具体可行、针对性强的职业病防治专项集体合同，需要对相关资料进行收集和梳理，主要包括以下几个方面：

（1）用人单位职业病防治情况：工作场所存在的职业病危害因素，职业病防治规章制度、操作规程，职业病危害事故应急救援措施和工作场所职业病危害因素检测评价情况，职业卫生培训制度，个体防护情况，职业健康检查和档案管理情况，职业病发病和职业病病人保障情况，劳动者职业卫生诉求及对职业病防治工作的意见、建议等。

（2）国家和地方有关集体合同、职业病防治的法律、法规、政策、制度、标准及有关文件等。

工会可以通过正常渠道和程序，以书面形式要求用人单位提供相关资料，并列出索取资料明细表。用人单位有义务和责任向工会方协商代表提供与职业病防治专项集体合同有关的情况资料，工会方协商代表对用人单位相

关情况有保守秘密的义务。

2. 调查研究

（1）工会方协商代表应深入基层通过召开座谈会、问卷调查或直接听取意见等方式，征求职工在职业病防治方面的意见和要求，使协商议题在形成时充分体现多数职工的意愿。

（2）深入现场了解用人单位职业病防治工作的实际开展情况，进一步确定重点职业病危害、危害程度、产生因素及主要职业病病种。对于用人单位职业病防治工作的相关资料内容不完整的或对其存在疑问的，应深入现场验证，保证资料的准确性和真实性。

3. 拟定草案

协商双方在确定协商议题后，可以由单独一方或双方共同研究拟定文本草案，供协商双方参考。合同文本草案的主要内容包括实体性规定和程序性规定两个方面。

实体性规定主要是职业病防治的标准和要求，包括：

（1）职业病危害因素。例如，应逐一列举用人单位存在或产生的主要职业病危害因素。

（2）职业病防治管理措施。例如，用人单位的职业病防治计划、职业卫生规章制度和操作规程、应急救援措施、职业卫生培训、劳动保护和津贴待遇、不同岗位防护用品配备的周期及种类等。

（3）职业健康检查。例如，职业健康检查周期及检查对象、职业健康监护档案管理、检查费用的提取和使用等。

（4）女职工和未成年工的特殊保护。例如，女职工孕期和哺乳期的劳动保护、未成年工的劳动保护等。

（5）拒绝违章指挥和强令进行没有职业病防护措施作业的处理程序。

（6）用人单位对患职业病劳动者的安置和保障等情况。

程序性规定主要是与职业病防治专项集体合同签订有关的程序要求，包括：

（1）合同期限。

（2）变更、解除及终止的条件和程序。

（3）履行合同期间争议协商的处理办法。

（4）违反合同的责任。

（5）合同的监督和管理等。

职业病防治专项集体合同除以上内容外，双方还可以从实际出发，通过集体协商，共同约定与职业病防治相关的其他内容。

（二）提出协商要约

提出协商要约是开展协商和签订专项集体合同的法定程序。工会和用人单位任何一方均可就签订专项集体合同以及相关事宜以书面形式向对方提出进行集体协商的要求。一方提出集体协商要求的，另一方应当在收到集体协商要求之日起20日内以书面形式给予回应，无正当理由不得拒绝进行集体协商。通常情况下由工会方向用人单位方主动提出要约。（附范本）

职业病防治专项集体合同协商要约书（范本）

×××董事长（总经理）：

为维护职工职业安全健康的合法权益，促进企业的持续发展，根据《中华人民共和国劳动法》《中华人民共和国工会法》《中华人民共和国职业病防治法》和《集体合同规定》等的规定，提出集体协商和签订《职业病防治专项集体合同》的要求。为使协商工作顺利进行，发出如下要约：

一、协商会议的时间、地点

1. 时间：协商时间建议定于××××年××月××日。

2. 地点：协商地点建议定在××××会议室。

二、协商的主要内容

根据用人单位职业病防治工作情况选择需要协商的事项。

三、协商代表的确定

按照有关规定，建议双方各派×名协商代表。职工方协商代表是：首席代表（工会主席）为：×××，职务：××××。其他代表为：×××、×××、×××。

请行政方尽快提出代表名单，以便做好协商前的准备工作。

四、需要提供的资料

1. 用人单位职业病防治的相关制度、规定、准则等。

2. 用人单位签订劳动合同的人数及职业病患病人数等的相关数据资料。

3. 用人单位职业病防治工作的开展情况。

4. 其他有关资料。

以上资料请在协商会议开始前5日，提供给职工方首席协商代表，所涉及的商业秘密，本方代表将严格遵守保密规定。

请收到本要约书之日起20日内做出书面答复。

××××工会

××××年××月××日

职业病防治专项集体合同协商要约回复书（范本）

×××工会：

你会发出的职业病防治专项集体合同协商要约书收悉，现就有关事项答复如下：

1. 同意要约书中提出的协商时间和地点。

2. 同意要约书中提出的协商内容。

3. 行政方协商代表确定为：首席代表×××，其他代表是×××、×××、×××。

4. 行政方已将有关材料准备好，届时按规定提交。

以上答复如有异议，请及时沟通。

××××单位（企业法人代表）：×××

××××年××月××日

（三）产生协商代表

协商对于能否顺利签订合同至关重要，应当严格按照法定程序、条件及构成比例，选派或推举有一定能力、水平和素质的人员担任协商代表。协商代表包括职工方和企业方代表，协商双方代表人数应当对等，每方至少三人，并各自确定一名首席代表，双方协商代表不得相互兼任。

职工方协商代表由本单位工会选派或民主推举产生。首席代表由本单位工会主席担任，工会主席可以书面委托其他协商代表代理首席代表。用人单位一方协商代表由本单位法定代表人指派，首席代表由单位法定代表人担任或由其书面委托的其他管理人员担任。

协商双方首席代表可以书面委托本单位以外的专业人员作为本方协商代表，委托人数不得超过本方代表的1/3。首席代表不得由非本单位人员代理。

协商代表的职责主要包括：参加集体协商；接受本方人员质询；及时向本方人员公布协商情况并征求意见；提供与平等协商有关的情况和资料；代表本方参加平等协商争议处理；监督专项集体合同的履行；法律、法规和规章规定的其他职责。

首席协商代表主要负责主持协商会议，组织协调协商工作，并对协商过程中发生的问题提出处理建议、签署协商会议纪要与合同文本等。

工会可以更换职工方协商代表，并按规定重新选派或推举新的协商代表。用人单位法定代表人可以更换本方协商代表。协商代表因更换、辞任或由于不可抗力等造成空缺的，应在空缺之日起15日内产生新的协商代表。

（四）开展协商

平等协商主要采取协商会议的形式，由双方人数对等的正式代表参加，协商会议由双方首席代表轮流主持。

协商会议的程序如下：

（1）宣布议程、协商规则和会议纪律。

（2）要约方的首席代表介绍协商准备过程、协商具体内容和要求、提出协商议案的理由和依据。受约方首席代表就对方的要求做出回应。

（3）协商双方就协商事项发表各自的意见，并展开充分讨论。

（4）双方首席代表归纳意见，就达成一致的意见提出共同确认的表述方式。

（5）形成集体合同草案。

协商的注意事项如下：

（1）协商会议一般按照双方协定的议题进行，可进行一轮或多轮协商，在原定议题协商完毕后，双方均可提议增加新的协商内容，每次协商会议结束后必须做好会议结果的记录备案工作，并要求双方首席代表签字确认。

（2）协商未达成一致或出现事先未预料的问题时，经双方同意可以中止协商。中止期限及下次协商的时间、地点、内容由双方商定，中止期限一般最长不超过60天。

（五）职工（代表）大会审议

根据法律、法规的规定，职工代表大会（以下简称职代会）审议专项集体合同草案必须严格按程序规定进行，不能采取小范围协商等形式。具体程序如下：

（1）审议前的准备工作。工会要在召开职代会前一周将专项集体合同草案发到全体职工代表手中，提前熟悉和研究集体合同草案的内容，并听取职工意见。

（2）向职代会报告。在职代会上说明集体合同草案形成的过程、内容、制定的依据以及协商的整体情况。

（3）组织职工代表讨论。请参会职工代表进一步提出专项集体合同草案的修改、完善意见。

（4）职代会表决通过。在审议专项集体合同草案的基础上，职代会以无记名投票方式对合同草案进行表决。按法律、法规的规定，应当有2/3以上职工代表或职工出席，且须经全体职工代表半数以上或者全体职工半数以上同意，专项集体合同草案方能通过。

（六）签字、备案和公布

专项集体合同的签字、备案必须履行法定程序，工会方要与企业方积极配合做好此项工作。

（1）专项集体合同草案经职代会表决通过后，双方首席协商代表在集体合同文本上签字。

（2）自签字之日起10日内，工会要积极协助用人单位将集体合同文本一式三份报送劳动保障部门，由其对专项集体合同签订主体资格、合同内容、签订程序进行合法性的审查备案，在15日内未提出异议的即行生效。

如果劳动保障部门提出异议，工会要积极会同用人单位按照协商和签订程序的规定，对异议部分依法进行修改后重新报送劳动保障部门审查备案。

（3）生效的专项集体合同应当自其生效之日起由协商代表以适当的形式及时向本方全体人员公布。工会组织可以通过会议、公示栏、网络、宣传手册等形式向全体职工公布。

（七）监督检查

加强监督检查是全面履行专项集体合同的重要保证，是对专项集体合同实行动态管理的有效机制。专项集体合同一经签订就要执行，通过经常性、定期或不定期的监督检查及时发现问题，督促整改，防止违约行为和合同争议的发生，强化专项集体合同的严肃性和权威性。

1. 监督检查的主体

用人单位内部监督检查的主体是企业行政、工会和职工。也可借助政府劳动保障行政部门的劳动监察以及人大的执法检查等形式，形成专项集体合同外部监督检查机制。

2. 监督检查的内容

专项集体合同签订过程中的监督检查。监督检查协商代表的产生、构成和资格的有效性；协商程序和职业病防治专项集体合同内容是否符合国家、地方的法律、法规及有关政策和用人单位的规定；集体协商、职代会审议、签订合同、报送审查、公布生效的情况。

专项集体合同履行过程中的监督检查。监督检查职业病防治专项集体合同的履行情况、存在的问题及整改措施的落实情况；专项集体合同的变更、解除、终止、争议处理情况；用人单位、工会和职工在合同履行中行使权利和承担义务的情况；违约责任的追究等。

协商签订程序流程图

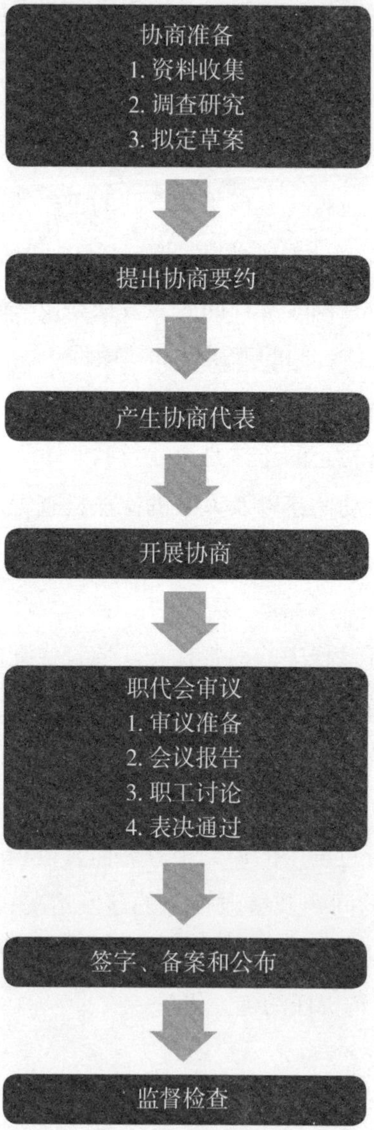
协商准备
1. 资料收集
2. 调查研究
3. 拟定草案
提出协商要约
产生协商代表
开展协商
职代会审议
1. 审议准备
2. 会议报告
3. 职工讨论
4. 表决通过
签字、备案和公布
监督检查

第二篇

建材行业职业病防治专项集体合同范本

为预防、控制和消除职业病危害，防治职业病，保护劳动者的健康及其相关权益，促进用人单位可持续发展，依据《职业病防治法》《劳动合同法》《工会法》《集体合同规定》等法律、法规的要求和国家职业卫生标准规定，经双方平等协商，签订职业病防治专项集体合同（以下简称专项合同）。

【订立专项合同的目的和依据:《职业病防治法》第 1 条、第 41 条。】

第一章 总 则

第一条 用人单位的职业病防治工作要坚持以人为本、预防为主、防治结合的方针。建立用人单位负责、全员参与、遵守法律和法规、持续改进和完善社会监督的工作机制，对工作场所的职业病危害实行分类管理、综合治理。

【工作方针与工作机制:《职业病防治法》第 3 条及扩展。】

第二条 用人单位是职业病防治工作的责任主体。要认真贯彻国家有关职业病防治的法律、法规和规章，为劳动者创造符合国家职业卫生标准和卫生要求的工作环境和条件，并采取措施保障劳动者获得职业卫生保护。

【用人单位的主体责任:《职业病防治法》第 4 条；安监总局令第 47 号第 3 条、第 4 条。】

第三条 劳动者享有职业卫生保护权利，并应当参与本单位职业病防治工作，遵守所在岗位职业卫生制度和操作规程。

【劳动者权利与义务:《职业病防治法》第 3 条、第 4 条、第 35 条。】

第四条 工会组织依法对职业病防治工作进行监督，维护职工的合法权益。

【用人单位工会职责:《职业病防治法》第 4 条。】

第二章 职业病防治责任主体

第一节 管理措施

第五条 用人单位依法组织开展本单位的职业病防治工作，主要负责人对职业病防治工作全面负责。

【用人单位主要负责人职责:《职业病防治法》第6条;安监总局令第47号第4条。】

第六条　建材行业对应《国民经济行业分类》中的“非金属矿物制品业(C30)”。本合同覆盖其中“水泥、石灰和石膏制造(C301)”“石膏、水泥制品及类似制品制造(C302)”“砖瓦、石材等建筑材料制造(C303)”“玻璃纤维和玻璃纤维增强塑料制品制造(C306)”“陶瓷制品制造(C307)”“耐火材料制品制造(C308)”“石墨及其他非金属矿物制品制造(C309)”7个中类行业。依据《建设项目职业病危害风险分类管理目录》对行业病危害风险的分类,该7个中类行业职业病危害风险均为“严重”类别。各分行业工作场所存在的主要职业病危害因素见附件1。

【行业界定与职业病危害风险:《国民经济行业分类》(GB/T 4754);《危险化学品安全使用许可适用行业目录》(安监总局公告2013年第3号);《建设项目职业病危害风险分类管理目录》(安监总安健〔2012〕73号);《职业病危害因素分类目录》(卫法监发〔2002〕63号)。】

第七条　建材行业用人单位应当设置或者指定职业卫生管理机构或者组织,配备专职职业卫生管理人员。

【机构与人员:《职业病防治法》第21条;安监总局令第47号第8条。】

第八条　建材行业用人单位应当保障职业病防治所需的资金投入,用于预防和治理职业病危害、职业病危害因素检测评价、劳动者职业健康检查和职业卫生培训等费用,按照国家有关规定,在生产成本中据实列支。

【职业病防治经费:《职业病防治法》第22条、第42条。】

第九条　建材行业用人单位必须依法参加工伤保险,确保劳动者依法享受工伤保险待遇。

【参加工伤保险:《职业病防治法》第7条。】

对从事接触职业病危害作业的劳动者,应当给予适当岗位津贴、补贴。建材行业可能接触职业病危害因素主要工种(岗位)见附件2。

【劳动者接害作业津贴:《职业病防治法》第57条;工种划分见“人力资源和社会保障部国家职业资格管理·职业分类目录”(http://ms.nvq.net.cn/

nvqdbApp/htm/fenlei/index.html）。】

第十条 建材行业用人单位应当建立、健全以主要负责人为第一责任人的职业病防治责任制，并配套有保证责任制落实到位的规章制度和操作规程。制定或者修改职业病防治的规章制度时，应当听取工会组织的意见。

【工作责任制与落实：《职业病防治法》第 4 条、第 5 条、第 21 条；安监总局令第 47 号第 11 条。】

第十一条 建材行业用人单位应当制订、公布本单位职业卫生方针，年度职业病危害防治计划和实施方案，并征求本单位工会组织意见后予以实施。年度职业病防治计划应包括目标、措施、考核指标、保障条件等内容；实施方案应包括时间、进度、步骤、技术要求、考核内容、验收方法等内容。

【防治工作方针、计划及实施方案：《用人单位职业病防治指南》（GBZ/T225-2010）4.1、4.1.7。】

第十二条 建材行业用人单位应当支持工会依法实施群众监督，并提供必要的活动经费。

第二节 专项工作与要求

第十三条 劳动合同告知。用人单位与劳动者订立劳动合同（含聘用合同，下同）时，应当将工作过程可能产生的职业病危害及其后果、职业病危害防护措施和待遇（岗位津贴、工伤保险等）等如实告知劳动者，并在劳动合同中写明，不得隐瞒或者欺骗。同时，以书面形式告知劳务派遣人员。

劳动者在履行劳动合同期间因工作岗位或者工作内容变更，从事与所订立劳动合同中未告知的存在职业病危害的作业时，用人单位应当依照前款规定，向劳动者履行如实告知的义务，并协商变更原劳动合同相关条款。

【劳动合同告知：《职业病防治法》第 34 条；安监总局令第 47 号第 29 条。】

职业病危害因素种类及可能引起的职业病，以国务院卫生行政部门发布的《职业病危害因素分类目录》为准。

建材行业工作场所主要工序职业病危害告知信息参见附件 3。

【劳动合同告知内容:《用人单位职业病危害告知与警示标识管理规范》（安监总厅安健〔2014〕111号）第7条、第8条。】

第十四条　用工职业禁忌。劳动者有下列情形的，不得安排其从事接触职业病危害岗位或作业。

（一）拟从事接触职业病危害作业的新录用劳动者，包括转岗到该作业岗位的劳动者，未经上岗前职业健康检查的。

【用工职业禁忌之一:《职业病防治法》第36条；安监总局令第49号第12条。】

（二）上岗前职业健康检查发现有职业禁忌的劳动者，不得安排从事其所禁忌的作业。

【用工职业禁忌之二:《职业病防治法》第36条；安监总局令第49号第12条。】

（三）未经上岗前职业卫生培训，或培训不合格的。

【用工职业禁忌之三:《用人单位职业病危害防治八条规定》（安监总局令第76号）。】

（四）定期职业健康检查发现的有职业禁忌证的劳动者，应调离或者暂时脱离原工作岗位；有与所从事的职业相关的健康损害的劳动者和已患职业病不适宜继续从事原工作的劳动者，应当调离原工作岗位，并妥善安置。

【用工职业禁忌之四:《职业病防治法》第36条、第57条。】

（五）不得安排未成年工从事接触职业病危害的作业；不得安排孕期、哺乳期的女工从事对本人和胎儿、婴儿有危害的作业，禁忌作业范围执行《女职工劳动保护特别规定》的规定。

【用工职业禁忌之五:《职业病防治法》第39条；安监总局令第47号第33条；安监总局令第49号第12条。】

用人单位不得安排怀孕女工和未成年工在35℃以上的高温天气期间从事室外露天作业及温度在33℃以上的工作场所作业。

【用工职业禁忌之六:《防暑降温措施管理办法》第8条（三）款。】

第十五条　劳动合同保障。劳动者有下列行为或情形的，用人单位不得解除劳动合同。

（一）用人单位与劳动者订立劳动合同时未告知职业病危害的，劳动者有权拒绝从事存在职业病危害的作业，用人单位不得因此解除与劳动者所订立的劳动合同。

【劳动合同保障之一:《职业病防治法》第 34 条；安监总局令第 47 号第 29 条。】

（二）劳动者患有疑似职业病，按照职业健康检查机构的建议进行诊断或者医学观察期间，不得解除或者终止与其订立的劳动合同。

【劳动合同保障之二:《职业病防治法》第 56 条。】

（三）对未进行离岗前职业健康检查的劳动者，不得解除或者终止与其订立的劳动合同。

【劳动合同保障之三:《职业病防治法》第 36 条；安监总局令第 49 号第 15 条。】

（四）劳动者对本单位违反职业病防治法律、法规以及危及生命健康的行为提出批评、检举、控告，或拒绝违章指挥和强令进行没有职业病防护措施的作业的，不得解除或者终止与其订立的劳动合同。

【劳动合同保障之四:《职业病防治法》第 40 条。】

第十六条 职业卫生培训。建材行业用人单位的主要负责人和职业卫生管理人员应当接受职业安全卫生培训机构举办的职业卫生培训，并取得培训合格证明。

从事接触职业病危害的劳动者应当接受本单位组织的上岗前的和在岗期间的职业卫生培训。工作岗位或工作条件变换导致劳动者接触的职业病危害因素发生变化的，用人单位应当重新对劳动者进行上岗前的职业卫生培训。

对职业病危害严重岗位的劳动者，用人单位应进行专门的职业卫生培训，经培训合格后方可上岗作业。

【职业卫生培训:《职业病防治法》第 35 条；安监总局令第 47 号第 9 条、第 10 条。】

第十七条 工作场所职业病危害因素监控。建材行业用人单位应当对工作场所职业病危害因素实施由本单位专人负责的日常监测；委托具有相应资质的职业卫生技术服务机构，每年至少进行一次职业病危害因素定期检测，定期检测应遵守《用人单位职业病危害因素定期检测管理规范》的规定。职业病危害严重的，还应当委托具有相应资质的职业卫生技术服务机构每三年至少进行一次职业病危害现状评价。

在前款规定的职业病危害监测或者定期检测、现状评价过程中，发现工作场所职业病危害因素浓度或强度不符合附件 4 卫生限值要求时，应当立即采取相应治理措施；仍然达不到卫生限值要求的，必须停止存在职业病危害因素的作业。职业病危害因素经治理后符合卫生限值要求的，方可重新作业。

【工作场所职业病危害因素监控：《职业病防治法》第 27 条；安监总局令第 47 号第 19 条、第 20 条、第 22 条；《用人单位职业病危害因素定期检测管理规范》（安监总厅安健〔2015〕16 号）；《用人单位职业病危害因素日常监测和定期检测管理规范（征求意见稿）》（安健函〔2014〕86 号）； GBZ 1：6.1.1；GBZ 2.1：4.1、4.2、4.3；GBZ 2.2：4~15。】

建材行业职业病危害因素日常监测范围及频次见表 1。

表 1　建材行业工作场所职业病危害因素日常监测规定

职业病危害因素		监测单元	采样方式	采样时长	评价指标	监测周期
粉尘	矽尘、石棉尘	岗位	总尘/呼尘；个体采样/定点采样	1 个工作班	职业接触限值（GBZ2.1）	1 月 1 次
	游离 $SiO_2 \geq 10\%$ 其他粉尘					
	游离 $SiO_2 \leq 10\%$ 其他粉尘					3 月 1 次
化学毒物[a]	高毒物质	岗位	个体采样/定点采样	1 个工作班	职业接触限值（GBZ2.1）	1 月 1 次
	非高毒物质					3 月 1 次
噪声		岗位	个体采样/定点采样	1 个工作班	职业接触限值（GBZ2.2）	3 月 1 次
高温	温度、湿度、风速、气压					最热季节，1 月 ≥ 1 次

注：化学毒物中列入《高毒物品目录》（卫法监法〔2003〕142 号）的毒物为高毒物质。

第十八条 职业健康检查。用人单位对从事接触职业病危害因素作业的劳动者，应当按照《职业健康监护技术规范》（GBZ 188）的规定组织上岗前、在岗期间、离岗时的职业健康检查，并符合下列规定。

（一）用人单位应当制订职业健康检查年度计划，委托具有职业健康检查机构资质的医疗卫生机构实施。计划实施后，应及时索取职业健康检查报告，将劳动者的检查结果及职业健康检查机构的建议以书面形式如实告知劳动者。

（二）用人单位应当确保参加职业健康检查的劳动者身份的真实性，承担职业健康检查费用。劳动者接受职业健康检查的时间应当视同正常出勤。

（三）用人单位应当分析和采纳职业健康检查报告的建议，采取相应处置措施。对检查出有职业健康监护目标疾病的劳动者，按体检建议处理；对需要复查的劳动者，按照职业健康检查机构要求的时间安排复查和医学观察；对疑似职业病病人，按照职业健康检查机构的建议安排其进行医学观察或者职业病诊断；对存在职业健康损害风险高的岗位，立即改善劳动条件，完善职业病防护措施。

（四）劳动者在岗期间职业健康检查按接触的危害因素特性分为强制性和推荐性两种，均按一定的周期组织进行。

建材行业劳动者在岗期间职业健康检查规定见附件 5。

【劳动者职业健康检查:《职业病防治法》第 36 条；安监总局令第 47 号第 30 条；安监总局令第 49 号第 7 条、第 8 条、第 9 条、第 11 条、第 12 条、第 13 条、第 15 条。】

第十九条 职业病危害事故和应急救援。建材行业用人单位应当组织对工作场所可能发生的职业病危害事故类型及其风险进行评估。针对风险较大的急性职业病危害事故建立、健全专项应急救援预案和现场处置方案。预案和方案的内容，编制要求与程序、评审、发布、备案、培训、演练和修订应符合《生产安全事故应急预案管理办法》《企业安全生产应急管理九条规定》和《生产经营单位生产安全事故应急预案编制导则》的要求。专项应急救援预案和现场处置方案还应当纳入本单位综合应急救援体系，每年至少组织一次演练。

【职业病危害事故应急救援预案与实施:《职业病防治法》第 21 条；安监总局令第 47 号第 11 条;《生产安全事故应急预案管理办法》(安监总局令第 17 号);《企业安全生产应急管理九条规定》(安监总局令第 74 号);《生产经营单位生产安全事故应急预案编制导则》(GB/T 29639)。】

职业病危害事故现场救援在遵守应急救援预案的前提下，还应遵守下列规定。

(一) 救援人员在没有充分个体防护的情况下不得进入危险区域。

(二) 尽快阻隔或控制危害源，搜救受伤人员；采集样品；封锁危险区域以及封存相关物品。

(三) 受伤人员和暴露人员应当经现场医学处理且病情相对平稳后，再转运至指定的医疗机构接受救治、医学观察和健康检查。

第二十条　建立和维护劳动者职业健康监护档案。用人单位应当为劳动者建立和维护职业健康监护档案，并按照规定的期限妥善保存。职业健康监护档案应当包括下列内容：

(一) 劳动者个人基本信息、职业史和职业病危害接触史。

(二) 劳动者历任岗位的职业病危害因素检测结果。

(三) 劳动者历次职业健康检查结果及处理情况。

(四) 劳动者职业病诊疗资料。

劳动者或者其近亲属、委托的代理人有权查阅、复印劳动者本人的职业健康监护档案。劳动者离开用人单位时，有权索取本人职业健康监护档案复印件，用人单位应当如实、无偿提供，并在所提供的复印件上签字盖章。

【劳动者职业健康监护档案:《职业病防治法》第 21 条、第 37 条；安监总局令第 49 号第 19 条、第 20 条、第 21 条;《职业卫生档案管理规范》(安监总厅安健〔2013〕171 号) 附件 6。】

第二十一条　职业病诊断与鉴定。劳动者健康出现与职业相关的损害，提出职业病诊断要求的，用人单位应当及时安排其进行诊断。诊断机构可以选择用人单位所在地、劳动者本人户籍所在地或者经常居住地的依法承担职业病诊断的医疗卫生机构；应当由劳动者选择，或经劳动者同意。

【职业病诊断:《职业病防治法》第 45 条、第 56 条；卫生部令第 91 号第

19条。】

当事人对职业病诊断结果有争议的，可以向做出诊断的医疗卫生机构所在地地方人民政府卫生行政部门申请鉴定、再鉴定。职业病诊断、鉴定的费用由用人单位承担。

【职业病鉴定诊断：《职业病防治法》第53条、第54条；卫生部令第91号第36条。】

职业病诊断、鉴定机构书面通知用人单位提供其掌握的劳动者职业健康监护档案规定的材料的，用人单位应当在接到通知后的10日内如实提供。

【职业病诊断材料提供：《职业病防治法》第48条；卫生部令第91号第24条、第46条。】

第二十二条 患职业病劳动者的待遇。用人单位应当保障患有职业病的劳动者获得医疗救治和经济补偿；安排职业病病人进行治疗、康复和定期检查；安排在岗患者从事力所能及的工作。

【患职业病劳动者的待遇：《职业病防治法》第57条。】

用人单位参加工伤保险的，职业病患者的诊疗、康复费用，伤残以及丧失劳动能力的职业病病人的社会保障，按照国家有关工伤保险的规定执行。

【患职业病劳动者的待遇：《职业病防治法》第58条。】

用人单位未参加工伤保险的，职业病患者的医疗和生活保障比照《职业病防治法》和《工伤保险条例》规定的有关待遇标准，承担全部费用。

【患职业病劳动者的待遇：《职业病防治法》第60条；《工伤保险条例》（国务院令第586号）。】

第三节 工作场所的防护与要求

第二十三条 防护原则。工作场所应合理布局，优先采用先进的生产工艺、技术和无毒（害）或低毒（害）的设备和材料。对工艺、技术、设备和材料达不到要求的，应根据生产工艺、生产条件和产生的危害因素特性，参照相应技术规范的规定配置卫生工程措施，使劳动者活动的工作场所有害因素浓度（强度）符合附件4的要求；如预期劳动者接触浓度（强度）不符合要求的，应配备有效的个体防护措施。

【防护原则：《职业病防治法》第 15 条；安监总局令第 47 号第 12 条；GBZ 1：6.1.1；GBZ 2.1：4.1、4.2、4.3；GBZ 2.2：4~15。】

发生工艺技术变更、设备设施变更和管理变更时，用人单位应组织对变更后的职业病危害因素及其危害风险进行评估，及时调整、补充完善职业病防护措施。

第二十四条　布局卫生要求。生产区域与生活区域分开，生产区域布置在当地全年最小频率风向的上风侧，生活区域布置在当地全年最小频率风向的下风侧。生产区域内工艺布局合理，有害作业与无害作业分开；生产区域不得住人。

【布局卫生要求一：《职业病防治法》第 15 条；安监总局令第 47 号第 12 条；GBZ 1：5.2.1.1、5.2.1.4。】

工作场所存在或产生尘毒危害的工序应布置在自然通风或机械通风进风口的下风侧；多层厂房布置产生和逸散有害气体的工艺或工序，宜根据气体的比重安排在不影响其他作业环境的楼层。

【布局卫生要求二：《日用化学产品生产企业防尘防毒技术要求》（AQ 4238）5.2.3、5.2.4。】

第二十五条　辅助用室。工作场所应设置辅助用室。辅助用室包括工作场所办公室，生产卫生室（浴室、更衣间、洗衣房），生活室（休息室、食堂、盥洗室、厕所）等；各种辅助用室位置、室内布置和配置设施数量，应符合 GBZ 1 的要求。

【辅助用室：《职业病防治法》第 15 条；安监总局令第 47 号第 12 条；GBZ 1：7.1~7.4。】

第二十六条　工艺、技术、设备和材料卫生要求。工作场所采用的工艺、技术、设备和材料应当符合《产业结构调整指导目录》《部分工业行业淘汰落后生产工艺装备和产品指导目录》的规定，不得使用国家明令禁止使用的可能产生职业病危害的设备或者材料。

【工艺、技术、设备和材料限制：《职业病防治法》第 31 条；安监总局令第 47 号第 25 条；《用人单位职业病防治指南》（GBZ/T 225）4.3.1。】

第二十七条　工艺、技术、设备和材料卫生要求。用人单位对采用的技术、工艺、材料、设备，应当知悉其可能产生的职业病危害，对有职业病危害的技术、工艺、设备、材料，不得隐瞒其危害而采用。

【工艺、技术、设备和材料危害告知:《职业病防治法》第 33 条；安监总局令第 47 号第 28 条。】

使用可能产生职业病危害的设备、化学品的，应当配有符合国家规定的中文说明书。说明书应当载明产品特性、主要成分、存在的有害因素、可能产生的危害后果、安全使用注意事项、职业病防护以及应急救治措施等内容。

【设备和材料中文说明书:《用人单位职业病防治指南》（GBZ/T 225）4.3.5、4.3.7、4.3.8。】

第二十八条 工艺、技术、设备和材料卫生要求。产生尘毒的生产工艺和设备，应采用机械化（机械传送、机械混拌）、自动化（上料、卸料）和密闭（整体、局部或小室）、负压（进料、观察、取样）等工艺设计或改造。设备与管道之间，管道与管道之间的连接应密封，软连接时宜采用柔性耐蚀材料。在生产设备合理密闭和通风基础上采用隔离、遥控操作。

【工艺、技术、设备要求:《耐火材料生产安全规程》（AQ 2023 ）7.3、7.6;《石英砂（粉）厂、滑石粉厂防尘技术规程》（GB/T 13910）4.4、6.1、6.3、6.4、6.5。】

第二十九条 防尘、防毒措施。对工作场所存在的粉尘、化学毒物应采取防护措施，符合下列卫生要求。

（一）产生尘毒的生产工艺和设备，在工艺上采用密闭方式后仍有尘毒逸散的，或出于工艺技术原因不能密闭的，用人单位应根据自身工艺流程、设备配置、厂房条件，采用就地、分散或集中除尘排毒设施控制。

同一生产流程、同时工作的尘毒逸散点，相距不大时宜合为一个系统；不同性质的尘毒且湿度、温度不同的，则不宜合用一个系统。移动的尘毒作业，应设计和采用移动式防尘和排毒设备。各种除尘排毒装置应与生产设备连锁，先于生产设备开机，后于生产设备停机。

【防尘毒措施一:《工业企业设计卫生标准》（GBZ 1）6.1.1.2、6.1.5;《石英砂（粉）厂、滑石粉厂防尘技术规程》（GB/T 13910）7.1。】

工作场所采用的防尘、排毒设备，防尘排毒效果应达到使工作场所空气中尘毒浓度符合附件 4 的要求。

（二）各类除尘和排毒净化设备均应依照含尘气体（烟气）和有毒气体的理化特性和设置场所条件选择按标准设计制造的产品，特别应注意防爆要求和适应高温、高湿工作条件。采用的防尘、排毒设施应符合 GBZ/T 194 的相关规定。

局部机械排风系统排风罩应形式适宜、位置正确、风量适中、强度足够、检修方便，罩口风速或控制点风速应足以将发生源的毒、尘吸入罩内，确保捕集效率。排风罩的类型和技术要求，参照《排风罩的分类及技术条件》（GB/T 16758）。

【防尘毒要求之二：《工业企业设计卫生标准》（GBZ 1）6.1.5.1；《工作场所防止职业中毒卫生工程防护措施规范》（GBZ/T 194）4.4.1、4.4.2；《石英砂（粉）厂、滑石粉厂防尘技术规程》（GB/T 13910）7.2。】

（三）机械通风装置的进风口位置，应设于室外空气比较洁净的地方；供给工作场所的空气一般直接送至工作地点。当机械通风系统采用部分循环空气时，送入工作场所空气中有害气体、蒸气及粉尘的含量，不应超过规定接触限值的 30%。

【防尘毒要求之三：《工业企业设计卫生标准》（GBZ 1）6.1.5.1。】

（四）对于逸散粉尘的生产过程，生产工艺和粉尘性质可采取湿式作业的，应采取湿法抑尘。

物料装卸、转运、破碎、筛分等过程中宜采用喷雾降尘，破碎设备进料口上方应安装连续喷水装置，下部排料口适合部位宜进行密闭，并排风；作业区地面采用洒水措施。当湿式作业仍不能满足卫生要求时，应结合采用其他通风除尘措施。

【防尘毒要求之四：《工业企业设计卫生标准》（GBZ 1）6.1.1.3；《石英砂（粉）厂、滑石粉厂防尘技术规程》（GB/T 13910）7.2。】

（五）粉料和液态物料应使用容器存放，容器应具有良好的密闭性和耐腐蚀性；贮存酸、碱贮罐周围应设置泄险沟（堰）。

输送产生粉尘、有毒物质的物料应提高密闭化、机械化和自动化程度，粉料、气态和液态物料宜使用管道输送。开放式物料传送应减少转运次数，降低转运点落差高度，落料点应采取密闭、负压或软管缓冲措施。

【防尘毒要求之五:《石英砂（粉）厂、滑石粉厂防尘技术规程》（GB/T 13910）6.5;《日用化学产品生产企业防尘防毒技术要求》（AQ 4238）6.1.1。】

（六）干式生产工艺，固体物料破碎、粉碎、研磨、混合、过筛、干燥、罐装等工序和炉、窑等生产装置应采取密闭措施，不允许敞开式生产。同时设计合理的排风量，保证密闭罩内形成负压，并采用除尘设备进行净化。

粉料集中装卸、配料及进料工序应配置通风除尘设备；袋装粉料拆包、倒包、清包时应设置吸风除尘装置；粉料、有毒有害液体称（计）量处应设置除尘排毒装置。

粉尘溢漏时，宜使用真空吸尘清除，避免使用吹扫清除方式。

【防尘毒要求之六:《石英砂（粉）厂、滑石粉厂防尘技术规程》（GB/T 13910）4.4、6.1.1、6.2、6.3、6.4、6.5、6.6;《耐火材料生产安全规程》（AQ 2023）7.3.3、7.3.7、7.6.4、7.6.5、7.7.2;《日用化学产品生产企业防尘防毒技术要求》（AQ 4238）6.2、7.6、7.7、7.10。】

（七）喷码作业应在有排风装置的设施内进行。设置有专门喷涂工作区的，区域内应有良好通风，喷码位置应设置排风罩。

【防尘毒要求之七:《日用化学产品生产企业防尘防毒技术要求》（AQ 4238）7.11。】

（八）使用酸、碱等强腐蚀性物质的工作场所应有冲洗地面、墙壁的设施；产生高毒物质的工作场所，其墙壁、顶棚和地面等内部结构和表面应采用不吸收、不吸附毒物的材料。

【防尘毒要求之八:《工业企业设计卫生标准》（GBZ 1）6.1.2。】

（九）经常有人来往的通道，如地道、通廊等，应有自然通风或机械通风，并不应敷设有毒气体的管道。

【防尘毒要求之九:《工业企业设计卫生标准》（GBZ 1）6.1.5。】

（十）存在或使用、生产有毒气体的工作场所，应针对生产装置可能发生逸散性泄漏的部位如阀门、法兰、机泵、人孔、料口、采样口、有毒气体填充口和压力管道焊接处等密闭系统密封处，设立检测报警点。另外，与有毒气体释放源场所相关联并有人员活动的沟道、排污口以及易聚集有毒气体的死角、坑道等处也宜设置检测报警点。报警仪选型、安装位置及报警值设定等技术要求应符合《工作场所有毒气体检测报警装置设置规范》（GBZ/T 223）的规定。

已知空气中有毒气体浓度经常或持续超过报警设定值的特殊场所，可不设立固定式有毒气体检测报警点。如因工作需要进入作业场所，应为有关人员配备便携式有毒气体检测报警仪。

严禁报警装置或报警系统处于非正常状态。

【防尘毒要求之十：《工作场所有毒气体检测报警装置设置规范》GBZ/T 223。】

（十一）可能积聚和突然逸出大量有害气体或蒸气、易造成急性职业损伤和存在燃爆风险的封闭和半封闭工作场所，应安装固定式自动报警或检测装置，设置事故通风装置及与事故排风系统相连锁的泄漏报警装置。

【防尘毒要求之十一：《职业病防治法》第 26 条；安监总局令第 47 号第 17 条，《工业企业设计卫生标准》（GBZ 1）6.1.5.2、6.1.6.2。】

（十二）有毒有害物质工作场所，应根据有毒有害物质的理化特性和危害特点配备现场急救用品，设置冲洗喷淋设备、应急撤离通道、必要的泄险区以及风向标。

【防尘毒要求之十二：《职业病防治法》第 26 条；安监总局令第 47 号第 17 条；《工业企业设计卫生标准》（GBZ 1）6.1.7。】

（十三）严禁未经审批进行进入炉、窑、罐、管道、烟道、地下室等密闭空间进行维护、检修作业。应对报审的作业进行评估，确定是否需要办理准入。需准入的密闭空间作业必须按照《密闭空间作业职业危害防护规范》（GBZ/T 205）的要求进行。

【防尘毒要求之十三：《密闭空间作业职业危害防护规范》（GBZ/T 205）。】

第三十条　防暑措施要求。

（一）优先采用使劳动者远离热源的方式，同时根据其具体条件采用隔热、通风、降温等措施，保证劳动者工作地点温度符合附件 4 的要求。

【防暑原则:《工业企业设计卫生标准》(GBZ 1)6.2.1.1。】

(二)根据生产工艺特点和工作场所条件，采用建筑隔热(隔热中控室、外窗遮阳、屋顶隔热)和设备隔热(热绝缘、热屏挡)等隔热措施。

【隔热措施:《黑色金属冶炼及压延加工业职业卫生防护技术规范》(GBZ/T 231)6.2.2.1。】

(三)采用自然通风的工作场所，进风口宜位于夏季主导风向的迎风面，热源应布置在工作场所和操作岗位下风侧、天窗下方的部位。以热压自然通风为主的工作场所，热源尽量布置在天窗的下面;为避免建筑物迎风面在较大风速作用下破坏热压，产生倒灌，应设计挡风(避风)天窗，或在排气天窗周边安装挡风板。

【通风措施:《工业企业设计卫生标准》(GBZ 1)6.2.1.3、6.2.1.8;《黑色金属冶炼及压延加工业职业卫生防护技术规范》(GBZ/T 231)6.2.2.2.3。】

(四)对高温作业时间较长，工作地点的热环境参数达不到卫生要求时，应采取局部送风降温措施，带有水雾的气流风速和雾滴直径应符合 GBZ 1 的规定。

【降温措施:《工业企业设计卫生标准》(GBZ 1)6.2.1.11。】

(五)高温工作场所应设有工间休息室。休息室温度应受控，低于室外气温;采用空气调节的休息室室内气温应保持在 24℃ ~ 28℃。对于可以脱离高温作业点的，可设观察(休息)室。

【降温措施:《工业企业设计卫生标准》(GBZ 1)6.2.1.13。】

(六)高温天气作业应当根据地市级以上气象主管部门所属气象台当日发布的预报气温，遵守下列规定:

(1)日最高气温达到 40℃以上，应当停止当日室外露天作业。

(2)日最高气温达到 37℃以上、40℃以下时，用人单位，全天室外露天作业时间累计不得超过 6 小时，连续作业时间不得超过国家规定，且在气温最高时段 3 小时内不得安排室外露天作业。

(3)日最高气温达到 35℃以上、37℃以下时，用人单位应当采取换班轮休等方式，缩短劳动者连续作业时间，并且不得安排室外露天作业劳动者加班。

【高温天气作业规定:《防暑降温措施管理办法》(安监总安健〔2012〕89

号）第8条。】

第三十一条 防寒措施要求。

（一）凡近十年每年最冷月平均气温≤ 8℃的、月数≥ 3 个月的地区应设集中采暖设施，月数 <2 个月的地区应设局部采暖设施。当工作地点不固定，需要持续低温作业时，应在工作场所附近设置取暖室。

【防寒措施施用原则：《工业企业设计卫生标准》（GBZ 1）6.2.2.1。】

（二）采用热风采暖的，送风的最高温度不得超过 70℃，避免直接面向人，室内气流一般应为 0.1 ~ 0.3m/s。

【热风采暖要求：《工业企业设计卫生标准》（GBZ 1）6.2.2.6。】

（三）工作地点的采暖温度和辅助用室的冬季温度应符合 GBZ 1 的规定。

【冬季采暖温度要求：《工业企业设计卫生标准》（GBZ 1）6.2.2.3。】

第三十二条 防噪声与振动措施要求。

（一）生产过程和设备产生的噪声，应首先从声源上进行控制，使噪声作业劳动者接触噪声声级符合 GBZ 2.2 的要求。采用隔声、吸声、消声、减振、阻尼等工程控制措施仍达不到 GBZ 2.2 要求的，应根据实际情况合理设计劳动作息时间，并采取适宜的个体防护措施。

【防噪声原则：《工业企业设计卫生标准》（GBZ 1）6.3.1.1、6.3.1.4。】

（二）噪声较大的设备应尽量将噪声源与操作人员隔开，选用固定密封型、活动密封型或局部开敞式隔声罩等进行隔声。操作人员多，强噪声源比较分散的大型工作场所，应设置隔声屏障或带有孔洞的隔墙，将工作场所在平面上划分为几个不同水平的噪声区域进行防护。

【隔声措施一：《黑色金属冶炼及压延加工业职业卫生防护技术规范》（GBZ/T 231）6.2.3.2.1。】

（三）当不宜对声源做隔声处理，而操作人员又不必经常停留在声源附近时，应选择供监控、观察、休息用的隔声间（室）对劳动者进行保护。隔声间（室）噪声声级应≤ 75dB（A）。

【隔声措施二：《工业企业设计卫生标准》（GBZ 1）6.3.1.7；《黑色金属冶炼及压延加工业职业卫生防护技术规范》（GBZ/T 231）6.2.3.2.1。】

（四）各类空气动力性噪声，如鼓风机、压缩机、汽轮机等设备的进排气口，应采取消声措施。

【消声措施:《黑色金属冶炼及压延加工业职业卫生防护技术规范》(GBZ/T 231)6.1.4.4.4。】

（五）混响声较强的车间应采取吸声措施，根据噪声频谱特点，选择适当的吸声材料。

【吸声措施:《黑色金属冶炼及压延加工业职业卫生防护技术规范》(GBZ/T 231)6.1.4.4.5。】

（六）输送各种介质的管道，应采取相应的隔振措施。隔振装置及支承结构形式，应根据机械设备的类型、振动强弱、扰动频率等特点以及建筑、环境和劳动者对噪声振动的接触情况等因素选择。隔振设计目标值，应按 GBZ 1 和 GBZ 2.2 的要求确定。

【隔振措施:《黑色金属冶炼及压延加工业职业卫生防护技术规范》(GBZ/T 231)6.1.4.4.6、6.2.3.2.4。】

第三十三条 防非电离辐射措施要求。

对工作场所可能产生工频、高频、微波，红外辐射、紫外辐射及激光等非电离辐射的设备、设施，应采取有效的屏蔽、接地、吸收等工程技术措施，如预期不能屏蔽的应设计反射性隔离或吸收性隔离措施，使劳动者非电离辐射作业的接触水平符合 GBZ 2.2 的要求。

【防非电离辐射措施:《工业企业设计卫生标准》(GBZ 1)6.4.4。】

第三十四条 职业病防护设施维护与保养要求。应当对职业病防护设备、应急救援设施进行经常性的维护、检修和保养，定期检测其性能和效果，确保其技术效果与性能参数持续符合设计规定的要求，不得擅自拆除或者停止使用。

【职业病防护设施维护与保养:《职业病防治法》第 26 条；安监总局令第 47 号第 18 条。】

（一）对各种防尘毒设备的技术效果和性能参数定期进行综合评价，防尘设备每 1 ~ 2 年进行一次，防毒设备每 2 ~ 3 年进行一次，对于高毒工作场所的防护设备至少每半年进行一次。

【防尘毒设施评价:《黑色金属冶炼及压延加工业职业卫生防护技术规

范》（GBZ/T 231）6.4.1.5。】

（二）高温、热辐射危害防护设施的防护效果应进行定期评价。通过对高温工作场所气温、相对湿度、风速和热辐射的监测，评价高温、热辐射危害防护设施是否满足对热环境条件的要求，评价每年至少一次。

【防高温设施评价：《黑色金属冶炼及压延加工业职业卫生防护技术规范》（GBZ/T 231）6.2.2.3.1。】

第三十五条　个体防护装备配备要求。工作场所职业病危害经采用卫生工程防护措施，预期劳动者接触浓度（强度）仍不符合要求的，必须按照《个体防护装备选用规范》（GB/T 11651）、《个体防护装备配备基本要求》（GB/T 29510）和《劳动防护用品配备标准》（国经贸安全〔2000〕189 号）规定，为劳动者配备劳动防护用品，并符合下列要求。

（一）工作场所配用的特种劳动防护用品必须是加施有特种劳动防护用品安全标志标识的产品。

【安全标志标识：安监总局令第 1 号第 18 条。】

（二）不得以货币或者其他物品替代应当按规定配备的劳动防护用品。

【不得替代劳动防护用品：安监总局令第 1 号第 15 条。】

（三）接触粉尘作业配备的防尘口罩，不得用纱布口罩代替。

【纱布口罩不得用作防尘：国经贸安全〔2000〕189 号。】

（四）防毒护具根据劳动者可能接触毒物的种类，选择相应的滤毒罐（盒），并按产品使用说明定期更换。

【防毒护具滤毒罐（盒）要求：国经贸安全〔2000〕189 号。】

（五）综合性作业应根据作业特点选择多功能防护用品。没有相应的多功能防护用品的，应按其主要作业配备劳动防护用品。如配备的劳动防护用品在从事其他作业时确实不能适用的，应另配或借用所需的其他劳动防护用品。

【多工种作业防护：国经贸安全〔2000〕189 号。】

（六）按规定配备的劳动防护用品，国家和行业尚单独发布有选用规范或标准的，应一体执行，以保证该防护用品配备达到最佳防护效果。

【行业差异性配置：国经贸安全〔2000〕189 号。】

（七）可能泄漏有毒有害气体的作业场所，除对作业人员配备常规劳动防护用品外，还应在现场醒目处放置必需的防毒护具，以备逃生、抢救时应急使用。

【有毒有害气体作业场所特别配置：国经贸安全〔2000〕189号。】

（八）劳动者在工作场所未按规定佩戴和使用劳动防护用品的，不得上岗作业。

【劳动者未按规定采取个人防护的不得上岗：安监总局令第1号第19条。】

（九）个体防护装备按产品说明书的规定进行维护和保养，按《个体防护装备选用规范》的规定判定作废。

【维护、保养与判废：《个体防护装备选用规范》（GB 11651）7.1、7.2；《个体防护装备配备基本要求》（GB/T 29510）8.17。】

（十）本行业主要作业类别和典型工种个体防护装备配备见表2。

表2　个体防护装备配备规定

作业类别	典型工种	一般防护装备			特种防护装备			其他
		装备1	装备2	装备3	装备1	装备2	装备3	

第三十六条　工作场所职业病危害告知和警示要求。

（一）可能产生职业病危害的工作场所，应当以公告栏、警示标识、告知卡、警示说明等方式，告知和警示劳动者在该工作场所可能接触到的职业病危害，以及预防和应急处置办法。

【告知和警示一般要求：《用人单位职业病危害告知与警示标识管理规范》（安监总厅安健〔2014〕111号）第4条、第13条、第16条、第17条。】

（二）在工作场所入口处醒目位置设置公告栏和警示标识。公告栏公布该工作场所存在的职业病危害因素和健康危害、涉及的岗位、接触限值和最新检测结果，以及应急救援措施等内容。设置的警示标识对应于该工作场所存在的全部职业病危害因素。

【公告栏内容:《用人单位职业病危害告知与警示标识管理规范》(安监总厅安健〔2014〕111号)第10条。】

公告内容发生变动后应及时更新。职业病危害因素检测结果应在收到检测报告7日内更新。生产工艺发生变更，应在完成后7日内补充完善相应的公告内容与警示标识。

【公告栏更新:《用人单位职业病危害告知与警示标识管理规范》(安监总厅安健〔2014〕111号)第32条。】

(三)工作场所内存在有毒物品作业和放射危害作业的区域应划设警示线。生产、使用有毒物品设置黄色区域警示线；生产、使用高毒、剧毒物品工作场所设置红色区域警示线。开放性放射工作场所监督区设置黄色区域警示线，控制区设置红色区域警示线。室外、野外放射工作场所应设置相应警示线。

【区域警示:《用人单位职业病危害告知与警示标识管理规范》(安监总厅安健〔2014〕111号)第14条、第15条。】

高毒、剧毒物品作业区域应急撤离通道设置“紧急出口”，泄险区启用时应设置“禁止入内”“禁止停留”等警示标识。

【区域警示:《用人单位职业病危害告知与警示标识管理规范》(安监总厅安健〔2014〕111号)第21条。】

(四)使用可能产生职业病危害的材料、设备的作业岗位，必须设置醒目的警示标识和中文警示说明。对有危害材料的警示说明应当载明产品特性、主要成分、存在的有害因素、可能产生的危害后果、安全使用注意事项、职业病防护以及应急救治措施等内容。对有危害设备的警示说明设置在设备醒目位置，应当载明设备性能、可能产生的职业病危害、安全操作和维护注意事项、职业病防护以及应急救治措施等内容。

【警示标识与中文警示说明:《用人单位职业病危害告知与警示标识管理规范》(安监总厅安健〔2014〕111号)第13条、第19条。】

产生严重职业病危害的作业岗位，还应当在其醒目位置设置职业病危害告知卡。告知卡应当标明职业病危害因素名称、理化特性、健康危害、接触限值、防护措施、应急处理及急救电话、职业病危害因素检测结果及检测时间等。

【告知卡警示:《用人单位职业病危害告知与警示标识管理规范》(安监总厅安健〔2014〕111号)第16条。】

(五)贮存可能产生职业病危害的化学品、放射性同位素和含有放射性物质材料的场所，应当在入口处和存放处设置“当心中毒”“当心电离辐射”“非工作人员禁止入内”等警示标识。

【特殊场所警示:《用人单位职业病危害告知与警示标识管理规范》(安监总厅安健〔2014〕111号)第18条。】

(六)警示标识的规格要求等按照《工作场所职业病危害警示标识》执行。

【警示标识的规格:《用人单位职业病危害告知与警示标识管理规范》(安监总厅安健〔2014〕111号)第31条;《工作场所职业病危害警示标识》(GBZ 158)。】

第四节　用人单位的权利

第三十七条　建材行业用人单位有权根据本单位生产规模、工艺特性、生产组织模式制订职业病防治规划和年度计划，并组织实施。

【自主自力提高职业病防治水平:《职业病防治法》第3条、第4条、第5条、第21条。】

第三十八条　职业病防治工作需要的职业卫生技术服务，包括医疗性技术服务和非医疗性技术服务，用人单位有权自主选择有相应资质的机构提供服务。

【职业卫生技术服务机构选择权:《职业病防治法》第19条。】

第三十九条　用人单位有权要求劳动者参加本单位职业病防治工作，约束劳动者遵守职业卫生规章制度和岗位操作规程；有权对劳动者违反制度、违章操作的行为给予制止和处罚。

【对劳动者的约束:《职业病防治法》第5条、第35条。】

第三章　工会与劳动者的权利和义务

第四十条　用人单位工会有权监督用人单位严格遵守国家职业病防治

法律、法规；防止和纠正侵犯劳动者职业卫生合法权益的行为；参与用人单位制定和修改职业卫生规章制度；对用人单位的职业病防治工作提出意见和建议。

【监督、维法与建议权：《职业病防治法》第 4 条、第 41 条。】

第四十一条　用人单位工会有权对用人单位建设项目职业病防护设施“三同时”进行监督，参加相关的论证和评审活动。

【建设项目“三同时”监督：《工会法》第 23 条。】

第四十二条　用人单位工会有权纠正违章指挥、强令工人冒险作业和没有职业病防护措施作业的行为。发现明显职业病危害时，工会有权提出改正意见；发现危及职工生命安全的情况时，工会有权向用人单位建议组织劳动者撤离危险场所。

用人单位发生职业病危害事故，工会有权参加事故调查，提出处理意见并要求追究有关人员的责任。

【工作现场维法权、参加事故调查处理权：《职业病防治法》第 41 条；《工会法》第 24 条、第 26 条。】

第四十三条　工会支持用人单位加强职业卫生管理。通过开展群众性的“安康杯”竞赛、“安全生产月”“职业病防治周”等活动，教育劳动者严格遵守用人单位的各项职业卫生规章制度和操作规程，不断提高劳动者的职业卫生技术素质和自我防护意识。

【协助用人单位开展职业病防治工作：《职业病防治法》第 41 条；《工会法》第 30 条、第 31 条。】

第四十四条　劳动者享有职业病危害知情权，受教育、培训权，接受职业健康检查、职业病诊疗康复权，参与民主管理权。有权要求用人单位提供有效的职业病防护设施和防护装备，拒绝违章指挥和强令冒险作业，对危及安全健康的行为提出批评、检举和控告。

劳动者作业过程中发现直接危及人身安全健康的紧急情况时，有权停止作业或者在采取可能的应急措施后撤离作业场所，并及时向现场负责人报告。

【劳动者权利：《职业病防治法》第 4 条、第 40 条。】

第四十五条　劳动者应当主动参与本单位的职业病防治工作，学习和掌握本职工作所需的职业卫生知识，提高职业病防护操作技能，增强事故预防和应急处理能力。上岗前职业病防治培训不合格的，不得上岗作业；定期职业病防治培训不合格的，停止其现岗位作业。

作业过程中，劳动者应当严格执行用人单位职业卫生规章制度和操作规程，听从指挥，服从管理，正确佩戴和使用防护装备。

【劳动者义务:《职业病防治法》第 35 条。】

第四章 监督检查与违约责任

第四十六条 由用人单位方代表和工会方代表组成职业卫生专项合同履行检查组，每季度或半年对专项合同履行情况进行一次检查。检查中发现的问题，应及时整改，整改情况以书面形式提交双方首席代表。

第四十七条 企业职代会对专项集体合同履行情况进行民主监督，工会定期向职工代表大会报告专项集体合同履行的检查情况。

第四十八条 对违反国家职业病防治法律、法规和相关标准，未能限期整改或整改不达标的可由政府有关部门对责任单位或责任人依法进行行政处罚，并责令再次限期整改，直至企业和工会联合检查验收合格。

第五章 附 则

第四十九条 《职业病防治专项集体合同》草案，应提交职工代表大会或全体职工大会讨论通过，并经双方首席代表签字后于 10 日内报送劳动保障部门审查备案，15 天内劳动保障部门未提出异议的，专项合同即行生效。如果劳动保障部门提出异议，双方应按照协商和签订的程序规定对异议部分依法进行修改，之后重新报送劳动保障部门审查备案。专项集体合同正式生效后，应报送上一级工会。

第五十条 本合同签字生效后，及时向全体职工公布专项集体合同文本。

第五十一条 本合同有效期____年，自____年____月____日起至____年____月____日止。专项集体合同期满前 90 日内，任何一方均可向对方提出重签和续签的要求。

第五十二条 专项集体合同未尽事宜由双方协商解决，协商达成一致的书面意见经相关法定程序通过后，可作为专项集体合同的附件一并执行。

第五十三条　因履行专项集体合同发生的争议，双方协商解决不成的，可以依法向劳动争议仲裁委员会申请仲裁。

企业（章）：
企业方首席代表
（签字）：
年　月　日

工会（章）：
职工方首席代表
（签字）：
年　月　日

附件

附件 1 建材行业工作场所主要职业病危害因素

建材行业工作场所主要职业病危害因素见附表 1。

附表 1 说明：

①“分行业”按《国民经济行业分类》（GB/T 4754）划分。

②“职业病危害因素”自《职业病危害因素分类目录》（卫法监发〔2002〕63 号）导出。因时间变化，工艺和技术发展，职业病危害因素行业举例可能出现变化。故实际引用时，应征询本单位主管职能部门意见后方可使用。

附表 1 建材行业工作场所主要职业病危害因素

序号	分行业		职业病危害因素		
	中类	小类	粉尘	化学因素	物理因素
1	水泥、石灰制造	水泥制造	煤尘，水泥尘		高温，噪声
		石灰制造	石灰石粉尘	一氧化碳	高温，噪声
2	水泥制品及类似制品制造	水泥制品制造	水泥尘	硫酸	高温，噪声，局部振动
		石棉水泥制品制造	石棉尘，水泥尘	硫酸	噪声，局部振动
		轻质建筑材料制造		环氧树脂	高温，噪声

续 表

序号	分行业		职业病危害因素		
	中类	小类	粉尘	化学因素	物理因素
3	砖瓦、石材等建筑材料制造	黏土砖瓦及建筑砌块制造	矽尘	一氧化碳	高温，噪声
		建筑用石加工	矽尘		噪声
		防水建筑材料制造	石棉尘，滑石尘	硫化氢，甲苯，汽油，沥青	高温
4	玻璃纤维和玻璃纤维增强塑料制品制造	玻璃纤维及制品制造	矽尘	甲苯	高温，噪声
		玻璃纤维增强塑料制品制造		苯，甲苯，二甲苯	噪声
5	陶瓷制品制造		矽尘，陶瓷尘，滑石尘	铅及其化合物，锰及其化合物，铬酸盐，氧化锌，一氧化碳，二氧化硫，氮氧化合物	高温，噪声
6	耐火材料制品制造	石棉制品制造	石棉尘	苯，甲苯，二甲苯，丙烯腈，汽油	高温，噪声
		云母制品制造	云母尘		高温，噪声
		耐火陶瓷制品及其他耐火材料制造	矽尘，石墨尘，炭黑尘	一氧化碳，沥青	噪声，局部振动

续 表

序号	分行业		职业病危害因素		
	中类	小类	粉尘	化学因素	物理因素
7	石墨及其他非金属矿物制品制造	石墨及碳素制品制造	煤尘，炭黑尘，石墨尘	铅及其化合物，氟及其化合物，氨，氯气，光气，一氧化碳，二氧化硫，苯，氰化氢或氢氰酸，甲醛，硫酸乙醇，沥青	高温，噪声

附件 2　建材行业可能接触职业病危害因素的主要工种（岗位）

建材行业可能接触职业病危害因素的主要工种见附表 2。

附表 2 说明：

①“分行业”按《国民经济行业分类》（GB/T 4754）划分。

②“接触职业病危害因素主要工种（岗位）”引自“人力资源和社会保障部国家职业资格管理·职业分类目录”（http://ms.nvq.net.cn/nvqdbApp/htm/fenlei/index.html）。

附表 2　建材行业可能接触职业病危害因素的主要工种（岗位）

行业类别		接触职业病危害因素的主要工种（岗位）	
中类	小类	大工种	小工种
水泥、石灰和石膏制造	水泥制造	水泥生产制造工	生料制备，烘干，均化，供料，熟料煅烧，风机工，回转窑托轮，煤粉制备，熟料冷却，中央控制室操作，预热分解炉巡检，收尘器工，制成，包装机工，运输机工
	石灰和石膏制造	石灰焙烧工	竖窑工，焙烧工
		石膏粉生产工	
石膏、水泥制品及类似制品制造	水泥制品制造	水泥制品工	制品，制品养护，造纸磨石制造
	石棉水泥制品制造	石棉制品工	制浆，制坯，成型，养护
	轻质建筑材料制造	纸面石膏板生产工	建筑石膏制备，石膏板制备
		石膏浮雕板工	装饰板材加工，浮雕板制备，浮雕工
		加气混凝土制品工	配料浇注，切割，蒸压养护，钢筋工，大板拼装

续 表

行业类别		接触职业病危害因素的主要工种（岗位）	
中类	小类	大工种	小工种
砖瓦、石材等建筑材料制造	黏土砖瓦及建筑砌块制造	砖瓦生产工	原料，成型，装（出）窑，干燥，码窑，烧火
	建筑用石加工	装饰石材生产工	加工，制造，装修，雕刻
	防水建筑材料制造	油毡生产工	制毡，氧化塔工
		高分子防水卷材生产工	
玻璃纤维和玻璃纤维增强塑料制品制造	玻璃纤维及制品制造	玻璃纤维制品工	铂坩埚制造，铂回收，保全保养，拉丝，退并，准整，织布带，后处理
	玻璃纤维增强塑料制品制造	玻璃钢制品工	手糊，压型，卷材，缠绕，喷注，拉挤，树脂混凝土工，热塑，切裁修整，模具，成型
陶瓷制品制造		陶瓷原料准备工	原料制备，金水制备，瓷用颜料工，陶瓷棉制作，电子陶瓷料制配
		陶瓷成型工	机械成型，手工成型，注浆成型，建筑卫生陶瓷成型
		陶瓷烧成工	施釉，烧成
		陶瓷装饰工	彩瓷，手工彩绘，雕塑雕刻堆雕，瓷用花纸印刷，瓷用花纸制版、刻瓷
		匣体、模型制作工	石膏模型，制匣钵，模具制造
		古建琉璃工	
耐火材料制品制造	石棉制品制造	石棉制品工	精选配料，梳纺，纺织，盘根，石棉刹车带工，石棉摩擦片工，石棉橡胶制品工，石棉抄取纸板工，石棉垫片制品工
	云母制品制造	云母制品加工工	加工，绝缘制品，制粉

续 表

行业类别		接触职业病危害因素的主要工种（岗位）	
中类	小类	大工种	小工种
耐火材料制品制造	耐火陶瓷制品及其他耐火材料制造	耐火原料加工	原料工，粉状耐火材料加工
		耐火材料成型	
		耐火材料烧成	耐火砖干燥，隧道窑烧成，倒焰窑烧成工，回转窑工，制砖工
		耐火制品浸油	浸油退火，磨砖
		耐火纤维制品工	
石墨及其他非金属矿物制品制造	石墨及碳素制品制造	煅烧	
		成型	电碳配料，碳、石墨压制，配料，混捏，压型
		焙烧	碳素焙烧，碳、石墨焙烧，石墨烧成
		浸渍	
		石墨化	石墨化，碳素石墨化
		碳素、石墨加工	石墨电刷制品工，硅碳棒制造，碳素制品加工，石墨制品工，石墨坩埚工，碳素制品工，胶体石墨工，显像管石墨乳工，石墨成型工
		碳素纤维工	

附件 3　建材行业工作场所主要工序职业病危害告知信息

建材行业工作场所主要工序职业病危害告知信息见附表 3.1 ~ 3.7。

附表 3 说明：

①附表 3 格式与项目引自《用人单位职业病危害告知与警示标识管理规范》（安监总厅安健〔2014〕111 号）规定。

②“工序”“职业病危害因素”“可能引起的法定职业病”自《职业病危害因素分类目录》（卫法监发〔2002〕63 号）导出。因时间变化，工艺和技术发展，职业病危害因素行业举例可能出现变化。故实际引用时，应征询本单位主管职能部门意见，对主要工序职业病危害因素进行订正后方可使用。

③“职业病防护措施”参照相关技术规范确定。

④“职业禁忌证”引用《职业健康监护技术规范》（GBZ 188-2014）规定。

附表 3.1　水泥、石灰制造业主要工序职业病危害告知信息

工序	职业病危害因素	可能引起的法定职业病	职业病防护措施	职业禁忌证
水泥制造				
水泥供料	煤尘	煤工尘肺	通风；喷雾；洒水；局部机械除尘；防尘口罩	活动性肺结核病；慢性阻塞性肺病；慢性间质性肺病；伴肺功能损害的疾病
	高温	中暑	通风；降温措施；护目镜或面罩；热防护服	未控高血压；未控甲亢症；未控糖尿病；慢性肾炎；癫痫；全身瘢痕面积≥ 20%
水泥均化	煤尘	煤工尘肺	通风；喷雾；洒水；局部机械除尘；防尘口罩	活动性肺结核病；慢性阻塞性肺病；慢性间质性肺病；伴肺功能损害的疾病
	水泥尘	水泥尘肺		

续 表

工序	职业病危害因素	可能引起的法定职业病	职业病防护措施	职业禁忌证
煤粉制备	煤尘	煤工尘肺	通风；喷雾；洒水；局部机械除尘；防尘口罩	活动性肺结核病；慢性阻塞性肺病；慢性间质性肺病；伴肺功能损害的疾病
	水泥尘	水泥尘肺		
	高温	中暑	通风；降温措施；护目镜或面罩；热防护服	未控高血压；未控甲亢症；未控糖尿病；慢性肾炎；癫痫；全身瘢痕面积≥ 20%
	噪声	噪声聋	防噪声设施；耳塞（耳罩）	GBZ 188：7.1.1.1（上岗），7.1.2.1（在岗）所列
水泥输送	煤尘	煤工尘肺	通风；喷雾；洒水；局部机械除尘；防尘口罩	活动性肺结核病；慢性阻塞性肺病；慢性间质性肺病；伴肺功能损害的疾病
	水泥尘	水泥尘肺		
	噪声	噪声聋	防噪声设施；耳塞（耳罩）	GBZ 188：7.1.1.1（上岗），7.1.2.1（在岗）所列
生料破碎、研磨	噪声	噪声聋	防噪声设施；耳塞（耳罩）	GBZ 188：7.1.1.1（上岗），7.1.2.1（在岗）所列
生料煅烧	水泥尘	水泥尘肺	通风；喷雾；洒水；局部机械除尘；防尘口罩	活动性肺结核病；慢性阻塞性肺病；慢性间质性肺病；伴肺功能损害的疾病
	高温	中暑	通风；降温措施；护目镜或面罩；热防护服	未控高血压；未控甲亢症；未控糖尿病；慢性肾炎；癫痫；全身瘢痕面积≥ 20%
熟料冷却	水泥尘	水泥尘肺	通风；喷雾；洒水；局部机械除尘；防尘口罩	活动性肺结核病；慢性阻塞性肺病；慢性间质性肺病；伴肺功能损害的疾病
	高温	中暑	通风；降温措施；护目镜或面罩；热防护服	未控高血压；未控甲亢症；未控糖尿病；慢性肾炎；癫痫；全身瘢痕面积≥ 20%
	噪声	噪声聋	防噪声设施；耳塞（耳罩）	GBZ 188：7.1.1.1（上岗），7.1.2.1（在岗）所列

续 表

工序	职业病危害因素	可能引起的法定职业病	职业病防护措施	职业禁忌证
熟料粉磨	水泥尘	水泥尘肺	通风；喷雾；洒水；局部机械除尘；防尘口罩	活动性肺结核病；慢性阻塞性肺病；慢性间质性肺病；伴肺功能损害的疾病
	噪声	噪声聋	防噪声设施；耳塞（耳罩）	GBZ 188：7.1.1.1（上岗），7.1.2.1（在岗）所列
水泥包装	水泥尘	水泥尘肺	通风；喷雾；洒水；局部机械除尘；防尘口罩	活动性肺结核病；慢性阻塞性肺病；慢性间质性肺病；伴肺功能损害的疾病
石灰制造				
石灰炉窑	一氧化碳	一氧化碳中毒	密闭；通风；局部机械排风；报警器；防毒口罩	中枢神经系统器质性疾病
	高温	中暑	通风；降温措施；护目镜或面罩；热防护服	未控高血压；未控甲亢症；未控糖尿病；慢性肾炎；癫痫；全身瘢痕面积≥ 20%
石灰破碎	噪声	噪声聋	防噪声设施；耳塞（耳罩）	GBZ 188：7.1.1.1（上岗），7.1.2.1（在岗）所列

附表 3.2　水泥制品及类似制品制造业主要工序职业病危害告知信息

工序	职业病危害因素	可能引起的法定职业病	职业病防护措施	职业禁忌证
水泥制品制造				
钢筋除锈	硫酸	化学性灼伤	密闭；局部机械排风；喷淋洗眼装置；报警器；防腐蚀护目镜、口罩、工作服、手套、鞋	上岗：牙酸蚀病；支气管哮喘；慢性阻塞性肺病 在岗：慢性阻塞性肺病
		牙酸蚀病		
称量配料，制浆均和	水泥尘	水泥尘肺	通风；喷雾；洒水；局部机械除尘；防尘口罩	活动性肺结核病；慢性阻塞性肺病；慢性间质性肺病；伴肺功能损害的疾病

续 表

工序	职业病危害因素	可能引起的法定职业病	职业病防护措施	职业禁忌证
混合搅拌	噪声	噪声聋	防噪声设施；耳塞（耳罩）	GBZ 188：7.1.1.1（上岗），7.1.2.1（在岗）所列
	水泥尘	水泥尘肺	通风；喷雾；洒水；局部机械除尘；防尘口罩	活动性肺结核病；慢性阻塞性肺病；慢性间质性肺病；伴肺功能损害的疾病
紧实成型	水泥尘	水泥尘肺	通风；喷雾；洒水；局部机械除尘；防尘口罩	活动性肺结核病；慢性阻塞性肺病；慢性间质性肺病；伴肺功能损害的疾病
	噪声	噪声聋	防噪声设施；耳塞（耳罩）。	GBZ 188：7.1.1.1（上岗），7.1.2.1（在岗）所列
	局部振动	手臂振动病	减振装置；防振手套	多发性周围神经病，雷诺病（上岗）
湿热养护	高温	中暑	通风；降温措施；护目镜或面罩；热防护服	未控高血压；未控甲亢症；未控糖尿病；慢性肾炎；癫痫；全身瘢痕面积≥20%
石棉水泥制品制造				
钢筋除锈	硫酸	化学性灼伤	密闭；局部机械排风；喷淋洗眼装置；报警器；防腐蚀护目镜、口罩、工作服、手套、鞋	上岗：牙酸蚀病；支气管哮喘；慢性阻塞性肺病 在岗：慢性阻塞性肺病
		牙酸蚀病		
称量配料，制浆均和	石棉尘	石棉肺	通风；喷雾；洒水；局部机械除尘；防尘口罩	活动性肺结核病；慢性阻塞性肺病；慢性间质性肺病；伴肺功能损害的疾病
		石棉所致肺癌、间皮瘤		
	水泥尘	水泥尘肺		
混合搅拌	石棉尘	石棉肺	通风；喷雾；洒水；局部机械除尘；防尘口罩	活动性肺结核病；慢性阻塞性肺病；慢性间质性肺病；伴肺功能损害的疾病
	水泥尘	水泥尘肺		
	噪声	噪声聋	防噪声设施；耳塞（耳罩）	GBZ 188：7.1.1.1（上岗），7.1.2.1（在岗）所列

续 表

工序	职业病危害因素	可能引起的法定职业病	职业病防护措施	职业禁忌证
紧实成型	石棉尘	石棉肺	通风；喷雾；洒水；局部机械除尘；防尘口罩	活动性肺结核病；慢性阻塞性肺病；慢性间质性肺病；伴肺功能损害的疾病
	水泥尘	水泥尘肺		
紧实成型	噪声	噪声聋	防噪声设施；耳塞（耳罩）	GBZ 188：7.1.1.1（上岗），7.1.2.1（在岗）所列
	局部振动	手臂振动病	减振装置；防振手套	多发性周围神经病，雷诺病（上岗）
轻质建筑材料制造				
粉碎、球磨、锯边	噪声	噪声聋	防噪声设施；耳塞（耳罩）	GBZ 188：7.1.1.1（上岗），7.1.2.1（在岗）所列
焙烧、烘烤	高温	中暑	通风；降温措施；护目镜或面罩；热防护服	未控高血压；未控甲亢症；未控糖尿病；慢性肾炎；癫痫；全身瘢痕面积≥ 20%
板材修整	环氧树脂	接触性皮炎	密闭；通风；局部机械排风；洗淋装置；防毒口罩	未规定

附表 3.3　砖瓦、石材等建筑材料制造业主要工序职业病危害告知信息

工序	职业病危害因素	可能引起的法定职业病	职业病防护措施	职业禁忌证
黏土砖瓦及建筑砌块制造				
砂石装卸、筛选、转运、堆垛、投料、拌和、浇注、辅助	矽尘	矽肺	通风；喷雾；洒水；局部机械除尘；防尘口罩	活动性肺结核病；慢性阻塞性肺病；慢性间质性肺病；伴肺功能损害的疾病

续 表

工序	职业病危害因素	可能引起的法定职业病	职业病防护措施	职业禁忌证
砖瓦炉窑	一氧化碳	一氧化碳中毒	密闭；通风；局部机械排风；报警器；防毒口罩	中枢神经系统器质性疾病
砖瓦炉窑	高温	中暑	通风；降温措施；护目镜或面罩；热防护服	未控高血压；未控甲亢症；未控糖尿病；慢性肾炎；癫痫；全身瘢痕面积≥ 20%
	噪声	噪声聋	防噪声设施；耳塞（耳罩）	GBZ 188：7.1.1.1（上岗），7.1.2.1（在岗）所列
建筑用石加工				
荒料锯切、石材切割、板材切割、研磨	矽尘	矽肺	通风；喷雾；洒水；局部机械除尘；防尘口罩	活动性肺结核病；慢性阻塞性肺病；慢性间质性肺病；伴肺功能损害的疾病
	噪声	噪声聋	防噪声设施；耳塞（耳罩）	GBZ 188：7.1.1.1（上岗），7.1.2.1（在岗）所列
雕凿、整修、辅助	矽尘	矽肺	通风；喷雾；洒水；局部机械除尘；防尘口罩	活动性肺结核病；慢性阻塞性肺病；慢性间质性肺病；伴肺功能损害的疾病
防水建筑材料制造				
防水材料混合	石棉尘	石棉肺	通风；喷雾；洒水；局部机械除尘；防尘口罩	活动性肺结核病；慢性阻塞性肺病；慢性间质性肺病；伴肺功能损害的疾病
	滑石尘	滑石尘肺		
	硫化氢	硫化氢中毒	密闭；通风；局部机械排风；报警器；防毒口罩	中枢神经系统器质性疾病
	甲苯	甲苯中毒	密闭；通风；局部机械排风；洗淋装置；防毒口罩	上岗：血常规异常（白细胞 $< 4\times10^9$/L 或中性细胞 $< 2\times10^9$/L；血小板 $< 8\times10^{10}$/L）；造血系统疾病 在岗：造血系统疾病

续 表

工序	职业病危害因素	可能引起的法定职业病	职业病防护措施	职业禁忌证
防水材料混合	沥青	痤疮	密闭；通风；局部机械排风；防毒口罩	未规定
	汽油	汽油中毒	密闭；通风；局部机械排风；防毒口罩	严重慢性皮肤疾患；多发性周围神经病
	高温	中暑	通风；降温措施；护目镜或面罩；热防护服	未控高血压；未控甲亢症；未控糖尿病；慢性肾炎；癫痫；全身瘢痕面积≥ 20%
防水材料浸涂	硫化氢	硫化氢中毒	密闭；通风；局部机械排风；报警器；防毒口罩	中枢神经系统器质性疾病
	沥青	痤疮	密闭；通风；局部机械排风；防毒口罩	未规定
	高温	中暑	通风；降温措施；护目镜或面罩；热防护服	未控高血压；未控甲亢症；未控糖尿病；慢性肾炎；癫痫；全身瘢痕面积≥ 20%
卷毡、包装	滑石尘	滑石尘肺	通风；喷雾；洒水；局部机械除尘；防尘口罩	活动性肺结核病；慢性阻塞性肺病；慢性间质性肺病；伴肺功能损害的疾病

附表 3.4　玻璃纤维和玻璃纤维增强塑料制品制造业主要工序职业病危害告知信息

工序	职业病危害因素	可能引起的法定职业病	职业病防护措施	职业禁忌证
玻璃纤维及制品制造				
玻纤备料	矽尘	矽肺	通风；喷雾；洒水；局部机械除尘；防尘口罩	活动性肺结核病；慢性阻塞性肺病；慢性间质性肺病；伴肺功能损害的疾病

续 表

工序	职业病危害因素	可能引起的法定职业病	职业病防护措施	职业禁忌证
玻纤备料	噪声	噪声聋	防噪声设施；耳塞（耳罩）	GBZ 188：7.1.1.1（上岗），7.1.2.1（在岗）所列
玻纤涂层	甲苯	甲苯中毒	密闭；通风；局部机械排风；洗淋装置；防毒口罩	上岗：血常规异常（白细胞 < 4×10^{9}/L 或中性细胞 < 2×10^{9}/L；血小板 < 8×10^{10}/L）；造血系统疾病 在岗：造血系统疾病
	高温	中暑	通风；降温措施；护目镜或面罩；热防护服	未控高血压；未控甲亢症；未控糖尿病；慢性肾炎；癫痫；全身瘢痕面积≥ 20%
熔解制球、玻球熔化	高温	中暑	通风；降温措施；护目镜或面罩；热防护服	未控高血压；未控甲亢症；未控糖尿病；慢性肾炎；癫痫；全身瘢痕面积≥ 20%
玻纤拉丝	高温	中暑	通风；降温措施；护目镜或面罩；热防护服	未控高血压；未控甲亢症；未控糖尿病；慢性肾炎；癫痫；全身瘢痕面积≥ 20%
	噪声	噪声聋	防噪声设施；耳塞（耳罩）	GBZ 188：7.1.1.1（上岗），7.1.2.1（在岗）所列
退并、准整、织造	噪声	噪声聋	防噪声设施；耳塞（耳罩）	GBZ 188：7.1.1.1（上岗），7.1.2.1（在岗）所列
玻璃纤维增强塑料制品制造				
玻璃钢固化	苯	苯中毒	密闭；通风；局部机械排风；洗淋装置；防毒口罩	上岗：血常规异常（白细胞 < 4×10^{9}/L 或中性细胞 < 2×10^{9}/L；血小板 < 8×10^{10}/L）；造血系统疾病 在岗：造血系统疾病
		白血病		
	甲苯	甲苯中毒		
	二甲苯	二甲苯中毒		

续 表

工序	职业病危害因素	可能引起的法定职业病	职业病防护措施	职业禁忌证
玻璃钢修整	噪声	噪声聋	防噪声设施；耳塞（耳罩）	GBZ 188：7.1.1.1（上岗），7.1.2.1（在岗）所列

附表 3.5　陶瓷制品制造业主要工序职业病危害告知信息

工序	职业病危害因素	可能引起的法定职业病	职业病防护措施	职业禁忌证
釉料选择	矽尘	矽肺	通风；喷雾；洒水；局部机械除尘；防尘口罩	活动性肺结核病；慢性阻塞性肺病；慢性间质性肺病；伴肺功能损害的疾病
	锰尘	锰及其化合物中毒	密闭；通风；局部机械排风；防毒口罩	中枢神经系统器质性疾病；确诊并需医学监护的精神障碍性疾病
	铬酸盐	接触性皮炎	密闭；通风；局部机械排风；洗淋装置；防毒口罩	慢性皮肤溃疡；萎缩性鼻炎
	噪声	噪声聋	防噪声设施；耳塞（耳罩）	GBZ 188：7.1.1.1（上岗），7.1.2.1（在岗）所列
釉料粉碎	矽尘	矽肺	通风；喷雾；洒水；局部机械除尘；防尘口罩	活动性肺结核病；慢性阻塞性肺病；慢性间质性肺病；伴肺功能损害的疾病
	陶瓷尘	陶工尘肺		
	锰尘	锰及其化合物中毒	密闭；通风；局部机械排风；防毒口罩	中枢神经系统器质性疾病；确诊并需医学监护的精神障碍性疾病
	铬酸盐	接触性皮炎	密闭；通风；局部机械排风；洗淋装置；防毒口罩	慢性皮肤溃疡；萎缩性鼻炎
	氧化锌	金属烟热	密闭；通风；局部机械排风；防毒口罩	未控制的甲状腺功能亢进症
	噪声	噪声聋	防噪声设施；耳塞（耳罩）	GBZ 188：7.1.1.1（上岗），7.1.2.1（在岗）所列

续 表

工序	职业病危害因素	可能引起的法定职业病	职业病防护措施	职业禁忌证
釉料筛分、配料、搅拌，泥浆脱水，炼泥	陶瓷尘	陶工尘肺	通风；喷雾；洒水；局部机械除尘；防尘口罩	活动性肺结核病；慢性阻塞性肺病；慢性间质性肺病；伴肺功能损害的疾病
	噪声	噪声聋	防噪声设施；耳塞（耳罩）	GBZ 188：7.1.1.1（上岗），7.1.2.1（在岗）所列
陶瓷模型	铅化合物	铅及其化合物中毒（不包括四乙基铅）	密闭；通风；局部机械排风；防毒口罩	中度贫血；卟啉病；多发性周围神经病
陶瓷成型	滑石尘	滑石尘肺	通风；喷雾；洒水；局部机械除尘；防尘口罩	活动性肺结核病；慢性阻塞性肺病；慢性间质性肺病；伴肺功能损害的疾病
	陶瓷尘	陶工尘肺		
	高温	中暑	通风；降温措施；护目镜或面罩；热防护服	未控高血压；未控甲亢症；未控糖尿病；慢性肾炎；癫痫；全身瘢痕面积≥ 20%
	噪声	噪声聋	防噪声设施；耳塞（耳罩）	GBZ 188：7.1.1.1（上岗），7.1.2.1（在岗）所列
喷铝	噪声	噪声聋	防噪声设施；耳塞（耳罩）	GBZ 188：7.1.1.1（上岗），7.1.2.1（在岗）所列
干燥	陶瓷尘	陶工尘肺	通风；喷雾；洒水；局部机械除尘；防尘口罩	活动性肺结核病；慢性阻塞性肺病；慢性间质性肺病；伴肺功能损害的疾病
	高温	中暑	通风；降温措施；护目镜或面罩；热防护服	未控高血压；未控甲亢症；未控糖尿病；慢性肾炎；癫痫；全身瘢痕面积≥ 20%

续 表

工序	职业病危害因素	可能引起的法定职业病	职业病防护措施	职业禁忌证
陶瓷烘筛、灌砂	矽尘	矽肺	通风；喷雾；洒水；局部机械除尘；防尘口罩	活动性肺结核病；慢性阻塞性肺病；慢性间质性肺病；伴肺功能损害的疾病
上釉、成品包装	陶瓷尘	陶工尘肺	通风；喷雾；洒水；局部机械除尘；防尘口罩	活动性肺结核病；慢性阻塞性肺病；慢性间质性肺病；伴肺功能损害的疾病
烧成	陶瓷尘	陶工尘肺	通风；喷雾；洒水；局部机械除尘；防尘口罩	活动性肺结核病；慢性阻塞性肺病；慢性间质性肺病；伴肺功能损害的疾病
	二氧化硫	二氧化硫中毒	密闭；通风；局部机械排风；报警器；防毒口罩	上岗：慢性阻塞性肺病；支气管哮喘；慢性间质性肺病 在岗：支气管哮喘；慢性间质性肺病
	氮氧化合物	氮氧化物中毒		上岗：慢性阻塞性肺病；慢性间质性肺病；支气管哮喘 在岗：慢性间质性肺病；支气管哮喘
	一氧化碳	一氧化碳中毒		中枢神经系统器质性疾病
	高温	中暑	通风；降温措施；护目镜或面罩；热防护服	未控高血压；未控甲亢症；未控糖尿病；慢性肾炎；癫痫；全身瘢痕面积≥20%
装出窑	陶瓷尘	陶工尘肺	通风；喷雾；洒水；局部机械除尘；防尘口罩	活动性肺结核病；慢性阻塞性肺病；慢性间质性肺病；伴肺功能损害的疾病

续 表

工序	职业病危害因素	可能引起的法定职业病	职业病防护措施	职业禁忌证
装出窑	高温	中暑	通风；降温措施；护目镜或面罩；热防护服	未控高血压；未控甲亢症；未控糖尿病；慢性肾炎；癫痫；全身瘢痕面积≥ 20%
	噪声	噪声聋	防噪声设施；耳塞（耳罩）	GBZ 188：7.1.1.1（上岗），7.1.2.1（在岗）所列

附表 3.6 耐火材料制品制造业主要工序职业病危害告知信息

工序	职业病危害因素	可能引起的法定职业病	职业病防护措施	职业禁忌证
石棉制品制造				
石棉拆卸、梳棉、拼线、磨片，汽车刹车片制造，铁路车辆制动件制造，电气绝缘品制造	石棉尘	石棉肺	通风；喷雾；洒水；局部机械除尘；防尘口罩	活动性肺结核病；慢性阻塞性肺病；慢性间质性肺病；伴肺功能损害的疾病
编织	石棉尘	石棉肺	通风；喷雾；洒水；局部机械除尘；防尘口罩	活动性肺结核病；慢性阻塞性肺病；慢性间质性肺病；伴肺功能损害的疾病
	噪声	噪声聋	防噪声设施；耳塞（耳罩）	GBZ 188：7.1.1.1（上岗），7.1.2.1（在岗）所列
湿纺	石棉尘	石棉肺	通风；喷雾；洒水；局部机械除尘；防尘口罩	活动性肺结核病；慢性阻塞性肺病；慢性间质性肺病；伴肺功能损害的疾病
	高温	中暑	通风；降温措施；护目镜或面罩；热防护服	未控高血压；未控甲亢症；未控糖尿病；慢性肾炎；癫痫；全身瘢痕面积≥ 20%

续　表

工序	职业病危害因素	可能引起的法定职业病	职业病防护措施	职业禁忌证
石棉浸胶	苯	苯中毒	密闭；通风；局部机械排风；洗淋装置；防毒口罩	上岗：血常规异常（白细胞 $< 4\times10^9$/L 或中性细胞 $< 2\times10^9$/L；血小板 $< 8\times10^{10}$/L）；造血系统疾病 在岗：造血系统疾病
石棉浸胶	苯	白血病	密闭；通风；局部机械排风；洗淋装置；防毒口罩	上岗：血常规异常（白细胞 $< 4\times10^9$/L 或中性细胞 $< 2\times10^9$/L；血小板 $< 8\times10^{10}$/L）；造血系统疾病 在岗：造血系统疾病
石棉浸胶	甲苯	甲苯中毒	密闭；通风；局部机械排风；洗淋装置；防毒口罩	上岗：血常规异常（白细胞 $< 4\times10^9$/L 或中性细胞 $< 2\times10^9$/L；血小板 $< 8\times10^{10}$/L）；造血系统疾病 在岗：造血系统疾病
石棉浸胶	二甲苯	二甲苯中毒	密闭；通风；局部机械排风；洗淋装置；防毒口罩	上岗：血常规异常（白细胞 $< 4\times10^9$/L 或中性细胞 $< 2\times10^9$/L；血小板 $< 8\times10^{10}$/L）；造血系统疾病 在岗：造血系统疾病
石棉浸胶	汽油	汽油中毒	密闭；通风；局部机械排风；防毒口罩	严重慢性皮肤疾患；多发性周围神经病
混炼、压制	石棉尘	石棉肺	通风；喷雾；洒水；局部机械除尘；防尘口罩	活动性肺结核病；慢性阻塞性肺病；慢性间质性肺病；伴肺功能损害的疾病
混炼、压制	丙烯腈	氰及腈类化合物中毒	密闭；通风；局部机械排风；洗淋装置；防毒口罩	中枢神经系统器质性疾病
混炼、压制	汽油	汽油中毒	密闭；通风；局部机械排风；防毒口罩	严重慢性皮肤疾患；多发性周围神经病
云母制品制造				
云母制粉	云母尘	云母尘肺	通风；喷雾；洒水；局部机械除尘；防尘口罩	活动性肺结核病；慢性阻塞性肺病；慢性间质性肺病；伴肺功能损害的疾病
云母制粉	噪声	噪声聋	防噪声设施；耳塞（耳罩）	GBZ 188：7.1.1.1（上岗），7.1.2.1（在岗）所列
煅烧、制浆、配胶、施胶、复合、成型，云母绝缘成品	云母尘	云母尘肺	通风；喷雾；洒水；局部机械除尘；防尘口罩	活动性肺结核病；慢性阻塞性肺病；慢性间质性肺病；伴肺功能损害的疾病

续 表

工序	职业病危害因素	可能引起的法定职业病	职业病防护措施	职业禁忌证
云母煅烧	高温	中暑	通风；降温措施；护目镜或面罩；热防护服	未控高血压；未控甲亢症；未控糖尿病；慢性肾炎；癫痫；全身瘢痕面积≥ 20%
耐火陶瓷制品及其他耐火材料制造				
耐材破碎、筛分、混合	矽尘	矽肺	通风；喷雾；洒水；局部机械除尘；防尘口罩	活动性肺结核病；慢性阻塞性肺病；慢性间质性肺病；伴肺功能损害的疾病
	石墨尘	石墨尘肺		
	噪声	噪声聋	防噪声设施；耳塞（耳罩）	GBZ 188：7.1.1.1（上岗），7.1.2.1（在岗）所列
配料	矽尘	矽肺	通风；喷雾；洒水；局部机械除尘；防尘口罩	活动性肺结核病；慢性阻塞性肺病；慢性间质性肺病；伴肺功能损害的疾病
	石墨尘	石墨尘肺		
	炭黑尘	炭黑尘肺		
	沥青	痤疮	密闭；通风；局部机械排风；防毒口罩	未规定
	噪声	噪声聋	防噪声设施；耳塞（耳罩）	GBZ 188：7.1.1.1（上岗），7.1.2.1（在岗）所列
浸油、压型	沥青	痤疮	密闭；通风；局部机械排风；防毒口罩	未规定
成型	矽尘	矽肺	通风；喷雾；洒水；局部机械除尘；防尘口罩	活动性肺结核病；慢性阻塞性肺病；慢性间质性肺病；伴肺功能损害的疾病
	石墨尘	石墨尘肺		
	炭黑尘	炭黑尘肺		
	噪声	噪声聋	防噪声设施；耳塞（耳罩）	GBZ 188：7.1.1.1（上岗），7.1.2.1（在岗）所列
	局部振动	手臂振动病	减振装置；防振手套	多发性周围神经病，雷诺病（上岗）

续 表

工序	职业病危害因素	可能引起的法定职业病	职业病防护措施	职业禁忌证
耐火砖干燥、耐材烧成	矽尘	矽肺	通风；喷雾；洒水；局部机械除尘；防尘口罩	活动性肺结核病；慢性阻塞性肺病；慢性间质性肺病；伴肺功能损害的疾病
	石墨尘	石墨尘肺		
	一氧化碳	一氧化碳中毒	密闭；通风；局部机械排风；报警器；防毒口罩	中枢神经系统器质性疾病
	高温	中暑	通风；降温措施；护目镜或面罩；热防护服	未控高血压；未控甲亢症；未控糖尿病；慢性肾炎；癫痫；全身瘢痕面积≥ 20%
耐火纤维吹制	高温	中暑	通风；降温措施；护目镜或面罩；热防护服	未控高血压；未控甲亢症；未控糖尿病；慢性肾炎；癫痫；全身瘢痕面积≥ 20%
	噪声	噪声聋	防噪声设施；耳塞（耳罩）	GBZ 188：7.1.1.1（上岗），7.1.2.1（在岗）所列
耐火纤维磨制	噪声	噪声聋	防噪声设施；耳塞（耳罩）	GBZ 188：7.1.1.1（上岗），7.1.2.1（在岗）所列
物料输送、磨制	矽尘	矽肺	通风；喷雾；洒水；局部机械除尘；防尘口罩	活动性肺结核病；慢性阻塞性肺病；慢性间质性肺病；伴肺功能损害的疾病
	石墨尘	石墨尘肺		

附表 3.7　石墨及碳素制品制造业主要工序职业病危害告知信息

工序	职业病危害因素	可能引起的法定职业病	职业病防护措施	职业禁忌证
沥青破碎	沥青	痤疮	密闭；通风；局部机械排风；防毒口罩	未规定
	高温	中暑	通风；降温措施；护目镜或面罩；热防护服	未控高血压；未控甲亢症；未控糖尿病；慢性肾炎；癫痫；全身瘢痕面积≥ 20%

续 表

工序	职业病危害因素	可能引起的法定职业病	职业病防护措施	职业禁忌证
沥青破碎	噪声	噪声聋	防噪声设施；耳塞（耳罩）	GBZ 188：7.1.1.1（上岗），7.1.2.1（在岗）所列
碳砂合成	一氧化碳	一氧化碳中毒	密闭；通风；局部机械排风；报警器；防毒口罩	中枢神经系统器质性疾病
金属粉制备	铅尘（烟）	铅及其化合物中毒（不包括四乙基铅）	密闭；通风；局部机械排风；防毒口罩	中度贫血；卟啉病；多发性周围神经病
	硫酸	化学性灼伤	密闭；局部机械排风；喷淋洗眼装置；报警器；防腐蚀护目镜、口罩、工作服、手套、鞋	上岗：牙酸蚀病；支气管哮喘；慢性阻塞性肺病 在岗：慢性阻塞性肺病
		牙酸蚀病		
金属粉混合	石墨尘	石墨尘肺	通风；喷雾；洒水；局部机械除尘；防尘口罩	活动性肺结核病；慢性阻塞性肺病；慢性间质性肺病；伴肺功能损害的疾病
	铅尘	铅及其化合物中毒（不包括四乙基铅）	密闭；通风；局部机械排风；防毒口罩	中度贫血；卟啉病；多发性周围神经病
	沥青	痤疮		未规定
	苯	苯中毒	密闭；通风；局部机械排风；洗淋装置；防毒口罩	上岗：血常规异常（白细胞 $< 4\times10^9/L$ 或中性细胞 $< 2\times10^9/L$；血小板 $< 8\times10^{10}/L$）；造血系统疾病 在岗：造血系统疾病
		白血病		
碳素煅烧	煤尘	煤工尘肺	通风；喷雾；洒水；局部机械除尘；防尘口罩	活动性肺结核病；慢性阻塞性肺病；慢性间质性肺病；伴肺功能损害的疾病
	炭黑尘	炭黑尘肺		

续 表

工序	职业病危害因素	可能引起的法定职业病	职业病防护措施	职业禁忌证
碳素煅烧	一氧化碳	一氧化碳中毒	密闭；通风；局部机械排风；报警器；防毒口罩	中枢神经系统器质性疾病
	高温	中暑	通风；降温措施；护目镜或面罩；热防护服	未控高血压；未控甲亢症；未控糖尿病；慢性肾炎；癫痫；全身瘢痕面积≥ 20%
碳素筛分	煤尘	煤工尘肺	通风；喷雾；洒水；局部机械除尘；防尘口罩	活动性肺结核病；慢性阻塞性肺病；慢性间质性肺病；伴肺功能损害的疾病
	炭黑尘	炭黑尘肺		
碳素配料	煤尘	煤工尘肺	通风；喷雾；洒水；局部机械除尘；防尘口罩	活动性肺结核病；慢性阻塞性肺病；慢性间质性肺病；伴肺功能损害的疾病
	炭黑尘	炭黑尘肺		
	沥青	痤疮	密闭；通风；局部机械排风；防毒口罩	未规定
黏结剂制备，碳素浸沥青	沥青	痤疮	密闭；通风；局部机械排风；防毒口罩	未规定
碳素成型	炭黑尘	炭黑尘肺	通风；喷雾；洒水；局部机械除尘；防尘口罩	活动性肺结核病；慢性阻塞性肺病；慢性间质性肺病；伴肺功能损害的疾病
	沥青	痤疮	密闭；通风；局部机械排风；防毒口罩	未规定
	噪声	噪声聋	防噪声设施；耳塞（耳罩）	GBZ 188：7.1.1.1（上岗），7.1.2.1（在岗）所列
浇铸磷铁	高温	中暑	通风；降温措施；护目镜或面罩；热防护服	未控高血压；未控甲亢症；未控糖尿病；慢性肾炎；癫痫；全身瘢痕面积≥ 20%

续 表

工序	职业病危害因素	可能引起的法定职业病	职业病防护措施	职业禁忌证
碳素焙烧	氟及其化合物	氟及其无机化合物中毒	密闭；通风；局部机械排风；防毒口罩	地方性氟病；骨关节疾病
	沥青	痤疮		未规定
	一氧化碳	一氧化碳中毒	密闭；通风；局部机械排风；报警器；防毒口罩	中枢神经系统器质性疾病
	二氧化硫	二氧化硫中毒		上岗：慢性阻塞性肺病；支气管哮喘；慢性间质性肺病 在岗：支气管哮喘；慢性间质性肺病
	高温	中暑	通风；降温措施；护目镜或面罩；热防护服	未控高血压；未控甲亢症；未控糖尿病；慢性肾炎；癫痫；全身瘢痕面积≥ 20%
碳素合成	煤尘	煤工尘肺	通风；喷雾；洒水；局部机械除尘；防尘口罩。	活动性肺结核病；慢性阻塞性肺病；慢性间质性肺病；伴肺功能损害的疾病。
碳素冷却、包装	炭黑尘	炭黑尘肺		
碳素粉碎	煤尘	煤工尘肺	通风；喷雾；洒水；局部机械除尘；防尘口罩	活动性肺结核病；慢性阻塞性肺病；慢性间质性肺病；伴肺功能损害的疾病
	炭黑尘	炭黑尘肺		
	噪声	噪声聋	防噪声设施；耳塞（耳罩）	GBZ 188：7.1.1.1（上岗），7.1.2.1（在岗）所列
碳素浸树脂	甲醛	甲醛中毒	密闭；通风；局部机械排风；洗淋装置；防毒口罩	上岗：慢性阻塞性肺病；支气管哮喘；慢性间质性肺病；伴有气道高原反应的过敏性鼻炎 在岗：慢性间质性肺病；伴有气道高原反应的过敏性鼻炎

续 表

工序	职业病危害因素	可能引起的法定职业病	职业病防护措施	职业禁忌证
碳素纤维制取	氨	氨中毒	密闭；通风；局部机械排风；报警器；防毒口罩	上岗：慢性阻塞性肺病；支气管哮喘；慢性间质性肺病 在岗：支气管哮喘；慢性间质性肺病
	氰化氢或氢氰酸	氰及腈类化合物中毒	密闭；通风；局部机械排风；洗淋装置；报警器；防毒口罩	中枢神经系统器质性疾病
碳素制品清理，石墨制品制取	石墨尘	石墨尘肺	通风；喷雾；洒水；局部机械除尘；防尘口罩	活动性肺结核病；慢性阻塞性肺病；慢性间质性肺病；伴肺功能损害的疾病
石墨化	氟及其化合物	氟及其无机化合物中毒	密闭；通风；局部机械排风；防毒口罩	地方性氟病；骨关节疾病
	氯气	氯气中毒	密闭；通风；局部机械排风；报警器；防毒口罩	上岗：慢性阻塞性肺病；支气管哮喘；慢性间质性肺病 在岗：支气管哮喘；慢性间质性肺病
	光气	光气中毒		慢性阻塞性肺病；支气管哮喘；慢性间质性肺病
	高温	中暑	通风；降温措施；护目镜或面罩；热防护服	未控高血压；未控甲亢症；未控糖尿病；慢性肾炎；癫痫；全身瘢痕面积≥ 20%
石墨机加工	石墨尘	石墨尘肺	通风；喷雾；洒水；局部机械除尘；防尘口罩	活动性肺结核病；慢性阻塞性肺病；慢性间质性肺病；伴肺功能损害的疾病
	噪声	噪声聋	防噪声设施；耳塞（耳罩）	GBZ 188：7.1.1.1（上岗），7.1.2.1（在岗）所列

附件 4　建材行业工作场所主要职业病危害因素职业接触限值

建材行业工作场所主要职业病危害因素职业接触限值见附表 4。

附表 4 说明：该表内容摘自 GBZ 2.1−2007、GBZ 2.2−2007、GB 18871−2002 和 GB/T 14440−1993。

附表 4　建材行业主要职业病危害因素职业接触限值

职业病危害因素	成分 / 特性	职业接触限值（OELs，mg/m³）			备注
		MAC	PC−TWA	PC−STEL	
国家已发布职业接触限值的粉尘					
矽尘	10% ≤游离 SiO_2 含量≤ 50%		总尘：1		
			呼尘：0.7		
	50% ＜游离 SiO_2 含量≤ 80%		总尘：0.7		
			呼尘：0.3		
	游离 SiO_2 含量＞ 80%		总尘：0.5		
			呼尘：0.2		
石棉尘（石棉含量＞10%）	粉尘		总尘：0.8		
	纤维		0.8f/ml		
煤尘	游离 SiO_2 含量＜ 10%		总尘：4		凡游离 SiO_2 高于 10% 者，均按矽尘容许浓度对待
			呼尘：2.5		
炭黑尘			总尘：4		
石墨尘			总尘：4		
			呼尘：2		
滑石尘	游离 SiO_2 含量＜ 10%		总尘：3		
			呼尘：1		

续 表

职业病危害因素	成分 / 特性	职业接触限值（OELs，mg/m³）			备注
		MAC	PC–TWA	PC–STEL	
云母尘			总尘：2		凡游离 SiO_2 高于 10% 者，均按矽尘容许浓度对待
			呼尘：1.5		
水泥尘	游离 SiO_2 含量 < 10%		总尘：4		
			呼尘：1.5		
其他粉尘			总尘：8		
国家已发布职业接触限值的化学物质					
氨			20	30	
苯			6	10	皮，G1
氮氧化合物	一氧化氮		15		
	二氧化氮		5	10	
二甲苯（全部异构体）			50	100	
二氧化硫			5	10	
氟化物（不含氟化氢）（按 F 计）			2		
光气		0.5			
甲苯			50	100	皮
甲醛		0.5			敏，G1
煤焦油沥青挥发物（按苯溶物计）			0.2		G1

续 表

职业病危害因素	成分 / 特性	职业接触限值（OELs，mg/m^3）			备注
		MAC	PC–TWA	PC–STEL	
石油沥青烟（按苯溶物计）			5		G2B
硫化氢		10			
硫酸			1	2	G1
氯		1			
锰及其无机化合物（按 MnO_2 计）			0.15		
溶剂汽油			300		
铅及其无机化合物（按 Pb 计）	铅尘		0.05	–	G2B（铅），G2A（铅的无机化合物）
	铅烟		0.03	–	
氰化氢（按 CN 计）		1	–	–	皮
丙烯腈			1	2	皮，G2B
氧化锌			3	5	–
一氧化碳	非高原		20	30	–
	海拔 2000～3000m	20	–	–	–
	海拔＞3000m	15	–	–	–
三氧化铬、铬酸盐、重铬酸盐（按 Cr 计）			0.05	–	G1

续 表

职业病危害因素	成分 / 特性	职业接触限值（OELs，mg/m³）			备注
		MAC	PC-TWA	PC-STEL	
国家已发布职业接触限值的物理因素					
高温		按不同接触时间和体劳强度分别规定，见 GBZ 2.2。			
噪声		8h 或 40h 等效声级 85dB（A）；脉冲噪声另有规定，见 GBZ 2.2。			
局部振动		4h 等能量频率计权振动加速度 $5m/s^2$			

附件 5　建材行业劳动者在岗期间职业健康检查规定

建材行业劳动者在岗期间职业健康检查规定见附表 5。

附表 5 说明：该表内容摘自 GBZ 188—2014。

附表 5　建材行业劳动者在岗期间职业健康检查规定

职业病危害因素	检查性质	检查对象	作业危害级别	检查周期	备注
矽尘	强制性	接触劳动者	Ⅰ	2 年 1 次	
			≥Ⅱ	1 年 1 次	
		观察对象		1 年 1 次	连续 5 年
		矽肺患者		1 年 1 次	病情需要时随时检查
石棉尘	强制性	接触劳动者	Ⅰ	2 年 1 次	
			≥Ⅱ	1 年 1 次	
		观察对象		1 年 1 次	连续 5 年
		石棉肺患者		1 年 1 次	病情需要时随时检查
煤尘	强制性	接触劳动者	Ⅰ	3 年 1 次	
			≥Ⅱ	2 年 1 次	
		观察对象		1 年 1 次	连续 5 年
		尘肺患者		1～2 年 1 次	病情需要时随时检查

续 表

职业病危害因素	检查性质	检查对象	作业危害级别	检查周期	备注
炭黑尘 石墨尘 滑石尘 水泥尘 陶瓷尘 云母尘	强制性	接触劳动者	Ⅰ	4年1次	
			≥Ⅱ	2～3年1次	
		观察对象		1年1次	连续5年
		尘肺患者		1～2年1次	病情需要时随时检查
氨	强制性	接触劳动者		1年1次	
苯（接触工业甲苯、二甲苯参照执行）	强制性	接触劳动者		1年1次	
氮氧化物	强制性	接触劳动者		1年1次	
二氧化硫	强制性	接触劳动者		1年1次	
氟及其无机化合物（氟化氰）	强制性	接触劳动者		1年1次	
铬及其无机化合物	强制性	接触劳动者		1年1次	
光气	推荐性	接触劳动者		3年1次	
甲醛	强制性	接触劳动者		1年1次	
硫化氢	推荐性	接触劳动者		3年1次	
酸雾或酸酐	强制性	接触劳动者		2年1次	
氯气	强制性	接触劳动者		1年1次	

续 表

职业病危害因素	检查性质	检查对象	作业危害级别	检查周期	备注
锰及其无机化合物	强制性	接触劳动者		1 年 1 次	
汽油	强制性	接触劳动者		1 年 1 次	
铅及其无机化合物	强制性	接触劳动者		400μg/L ≤ 血铅 ≤ 600μg/L，或 70μg/L ≤ 尿铅 ≤ 120μg/L，每 3 月复查 1 次；血铅 < 400μg/L，或尿铅 < 70μg/L，每年复查 1 次	
丙烯腈	推荐性	接触劳动者		3 年 1 次	
氰化氢					
氰化物					
氧化锌	推荐性	接触劳动者		3 年 1 次	
一氧化碳	强制性	接触劳动者		1 年 1 次	
高温	强制性	接触劳动者		1 年 1 次	高温季节到来前检查
噪声	强制性	接触劳动者	8h 或 40h 等效声级 ≥ 85dB（A）	1 年 1 次	
			80dB（A）≤ 8h 或 40h 等效声级 < 85dB（A）	2 年 1 次	
局部振动	强制性	接触劳动者		1 ～ 2 年 1 次	

附件6 建材行业职业病防治专项集体合同文本引用依据

序号	条目名称	制定机构	公布/发布	实施时间	备注
公用依据					
1	职业病防治法	全国人大常委会	国家主席令第60号	2002-05-01	法律
		全国人大常委会	国家主席令第52号	2011-12-31	
2	中华人民共和国工会法	全国人大常委会	国家主席令第62号	2001-10-27	法律
3	劳动合同法	全国人大常委会	国家主席令第73号	2013-07-01	法律
4	使用有毒物品作业场所劳动保护条例	国务院	国务院令第352号	2002-05-12	法规
5	放射性同位素与射线装置安全和防护条例	国务院	国务院令第449号	2005-12-01	法规
6	工伤保险条例	国务院	国务院令第586号	2011-01-01	法规
7	女职工劳动保护特别规定	国务院	国务院令第619号	2012-04-28	法规
8	集体合同规定	劳动和社会保障部	劳动和社会保障部令第22号	2004-05-01	规章
9	产业结构调整指导目录	国家发改委	国家发改委令第21号	2013-05-01	规章
10	生产安全事故应急预案管理办法	国家安监总局	安监总局令第17号	2009-05-01	规章

续 表

序号	条目名称	制定机构	公布 / 发布	实施时间	备注
11	工作场所职业卫生监督管理规定	国家安监总局	安监总局令第 47 号	2012-06-01	规章
12	用人单位职业健康监护监督管理办法	国家安监总局	安监总局令第 49 号	2012-06-01	规章
13	企业安全生产应急管理九条规定	国家安监总局	安监总局令第 74 号	2015-02-28	规章
14	用人单位职业病危害防治八条规定	国家安监总局	安监总局令第 76 号	2015-03-24	规章
15	职业病诊断与鉴定管理办法	国家卫生部	卫生部令第 91 号	2013-04-10	规章
16	劳动防护用品配备标准（试行）	国家经济贸易委员会	国经贸安全〔2000〕189 号文件	2000-03-06	规范性文件
17	部分工业行业淘汰落后生产工艺装备和产品指导目录（2010 年本）	国家工信部	工产业〔2010〕第 122 号	2010-10-13	规范性文件
18	特种劳动防护用品安全标志实施细则	国家安监总局	安监总规划字〔2005〕149 号	2005-10-13	规范性文件
19	建设项目职业病危害风险分类管理目录	国家安监总局	安监总安健〔2012〕73 号	2012-05-31	规范性文件
20	防暑降温措施管理办法	国家安监总局	安监总安健〔2012〕89 号	2012-06-29	规范性文件
21	职业卫生档案管理规范	国家安监总局	安监总厅安健〔2013〕171 号	2013-12-31	规范性文件

续　表

序号	条目名称	制定机构	公布/发布	实施时间	备注
22	用人单位职业病危害告知与警示标识管理规范	国家安监总局	安监总厅安健〔2014〕111号	2014-11-13	规范性文件
23	用人单位职业病危害因素定期检测管理规范	国家安监总局	安监总厅安健〔2015〕16号	2015-02-28	规范性文件
24	职业病危害因素分类目录	国家卫生部	卫法监发〔2002〕63号	2002-03-11	规范性文件
25	职业病分类与目录	国家卫生计生委	国卫疾控发〔2013〕48号	2013-12-23	规范性文件
26	放射工作人员的健康标准 GBZ 98	国家卫生部	2002-04-08	2002-06-01	国家职业卫生标准
27	工作场所职业病危害警示标识 GBZ 158	国家卫生部	2003-06-03	2003-12-01	国家职业卫生标准
28	工作场所有害因素职业接触限值 第1部分：化学有害因素 GBZ 2.1	国家卫生部	2007-04-27	2007-11-01	国家职业卫生标准
29	工作场所有害因素职业接触限值 第2部分：物理因素 GBZ 2.2	国家卫生部	2007-04-12	2007-11-01	国家职业卫生标准
30	工作场所防止职业中毒卫生工程防护措施规范 GBZ/T 194	国家卫生部	2007-08-13	2008-02-01	国家职业卫生标准

续 表

序号	条目名称	制定机构	公布 / 发布	实施时间	备注
31	密闭空间作业职业危害防护规范 GBZ/T 205	国家卫生部	2007-09-25	2008-03-01	国家职业卫生标准
32	工作场所有毒气体检测报警装置设置规范 GBZT 223	国家卫生部	2009-11-08	2010-06-01	国家职业卫生标准
33	工业企业设计卫生标准 GBZ 1	国家卫生部	2010-01-22	2010-08-01	国家职业卫生标准
34	用人单位职业病防治指南 GBZ/T 225	国家卫生部	2010-01-22	2010-08-01	国家职业卫生标准
35	黑色金属冶炼及压延加工业职业卫生防护技术规范 GBZ/T 231	国家卫生部	2010-04-12	2010-11-01	国家职业卫生标准
36	放射工作人员职业健康监护技术规范 GBZ 235	国家卫生部	2011-01-21	2011-08-01	国家职业卫生标准
37	职业健康监护技术规范 GBZ 188	国家卫生计委	2014-05-14	2014-10-01	国家职业卫生标准
38	电离辐射防护与辐射源安全基本标准 GB 18871	国家质量监督检验检疫总局	2002-10-08	2003-04-01	国家标准
39	个体防护装备选用规范 GB 11651	国家标准化管理委员会	2008-12-11	2009-10-01	国家标准

续 表

序号	条目名称	制定机构	公布 / 发布	实施时间	备注
40	国民经济行业分类 GB/T 4754	国家标准化管理委员会	2011-04-09	2011-11-01	国家标准
41	个体防护装备配备基本要求 GB/T 29510	国家标准化管理委员会	2013-05-09	2014-02-01	国家标准
42	生产经营单位生产安全事故应急预案编制导则 GB/T 29639	国家标准化管理委员会	2013-07-19	2013-10-01	国家标准
43	日用化学产品生产企业防尘防毒技术要求 AQ 4238	国家安监总局	2014-02-24	2014-06-01	安全行业标准
44	职业分类目录	人力资源和社会保障部（国家职业资格管理）	http://ms.nvq.net.cn/nvqdbApp/htm/fenlei/index.html		官方网站
45	用人单位职业病危害因素日常监测和定期检测管理规范（征求意见稿）	国家安监总局	安健函〔2014〕86 号	2014-12-31	规范性文件
建材行业范本 · 行业依据					
1	冶金有色建材机械轻工纺织烟草商贸行业安全监管分类标准（试行）	国家安监总局	安监总厅管四〔2014〕29 号	2014-03-31	规范性文件
2	石英砂（粉）厂、滑石粉厂防尘技术规程 GB/T 13910	国家标准化管理委员会	2008-12-23	2009-12-01	国家标准

续 表

序号	条目名称	制定机构	公布 / 发布	实施时间	备注
3	耐火材料生产安全规程 AQ 2023	国家安监总局	2008-11-19	2009-01-01	安全行业标准（送审稿）

图书在版编目（CIP）数据

建材行业职业病防治专项集体合同实用指南 / 《建材行业职业病防治专项集体合同实用指南》编写组编. —北京：中国工人出版社，2016.10

ISBN 978-7-5008-6566-7

Ⅰ. ①建… Ⅱ. ①建… Ⅲ. ①建筑材料工业—职业病—防治—集体合同—中国—指南 Ⅳ. ①D922.52-62

中国版本图书馆CIP数据核字（2016）第248180号

建材行业职业病防治专项集体合同实用指南

出 版 人 芮宗金
责任编辑 安 静
责任校对 赵贵芬
责任印制 栾征宇
出版发行 中国工人出版社
地　　址 北京市东城区鼓楼外大街45号 邮编：100120
网　　址 http://www.wp-china.com
电　　话 （010）62350006（总编室） （010）62005039（出版物流部）
（010）62382916（职工教育分社）
发行热线 （010）62005049 （010）62005042（传真）
经　　销 各地书店
印　　刷 北京睿特印刷厂
开　　本 710毫米×1000毫米 1/16
印　　张 5.5
字　　数 84千字
版　　次 2017年1月第1版 2017年1月第1次印刷
定　　价 12.00元